Camino hacia *el* PROPÓSITO *para mujeres*

Serie Camino hacia el propósito

Camino hacia el propósito para mujeres

Conversaciones con propósito para mujeres

Oración con propósito para mujeres

Camino hacia el propósito para mujeres- Diario Personal

Camino hacia *el* PROPÓSITO *para mujeres*

Conectando sus quehaceres y sus anhelos, con los propósitos de Dios para su vida.

KATIE BRAZELTON

Traducido por Kerstin Anderas de Lundquist y Agneta Solgevik

DEDICADOS A LA EXCELENCIA

La misión de Editorial Vida es proporcionar los recursos necesarios para alcanzar a las personas para Jesucristo y ayudarlas a crecer en su fe.

Publicado en inglés con el título:
Pathway to Purpose ™ for women
por The Zondervan Corporation

Traducción: *Kerstin Lundquist*
Edición: *Rosa Pugliese*
Diseño interior: *Eugenia Chinchilla*
Diseño de cubierta: *Brand Navigation*
Adaptación de cubierta: *Grupo Nivel Uno, Inc.*

ISBN: 0- 8297-4506-8

Categoría: Vida cristiana / Mujeres

Impreso en Estados Unidos de América
Printed in the United States of America

05 06 07 08 09 ❖ 8 7 6 5 4 3 2

A mi preciosa hija, Stephanie, que me animó durante quince años diciéndome: «Mamá, Dios quiere que hagas esto». Por largos meses, tú hiciste mis tareas de la casa, atendiste mis recados, hiciste nuestras compras y ¡hasta hiciste una visita hospitalaria por mí!

A mi sobresaliente hijo Andy, que constantemente me decía, con un sinnúmero de gestos: «No te atrevas a abandonar el libro. Lo que estás haciendo por las mujeres es muy importante».

A Julie, la maravillosa esposa de Andy, que ha sido una joya para mí durante este proceso.

Ustedes tres son las preciosas almas que me sostuvieron en oración, amor, abrazos, notas y esperanza.

Es por ustedes tres, que no tuve falta de nada. Les agradezco por haber sido como Jesús para mí, mientras yo respondía al llamado de Dios para mi vida.

Los amo un montón. Que la revelación del propósito de Dios en mi vida pueda recordarles vívidamente que él tiene un inigualable plan para ustedes también. Mi oración es ser usada por Dios, día a día, como «el viento bajo sus alas».

Que cada uno de ustedes pueda también volar como las águilas.

Isaías 40:31

Me has dado a conocer los caminos de la vida;
me llenarás de alegría en tu presencia.

(Hechos 2:28)

Contenido

Cómo usar la serie Camino hacia el propósito

En el año 2002, nuestro amado pastor Rick Warren escribió *Una Vida con Propósito*, en el cual hace un llamado urgente a cumplir los cinco propósitos de Dios para la vida:

- Comunión (cómo relacionarse con los demás)
- Discipulado (cómo conocer a Dios y llegar a ser como él)
- Ministerio (cómo servir a los demás)
- Adoración (cómo glorificar a Dios con nuestra vida)
- Evangelización (cómo cumplir la misión de Dios para nuestra vida en este mundo)

Si todavía no ha leído este fenomenal éxito de ventas, se lo recomiendo de todo corazón. También deseo recomendarle hacer la poderosa campaña de 40 días de Propósito en su iglesia.

Todos los libros *Camino hacia el propósito* se complementan para ayudarle diariamente a adoptar los cinco propósitos universales, a medida que descubre el llamado individual de Dios para usted.

Camino hacia el propósito para mujeres, el principal libro de la serie, muestra cómo conectar sus quehaceres, y sus anhelos con los propósitos de Dios para su vida . ¿Cómo vivir en medio –ver más allá– de lo *ordinario* y, al mismo tiempo, ansiar un propósito *significativo* para usted misma? Descubra cómo Dios ha diseñado exclusivamente su vida y sus experiencias para prepararla para su llamado específico. Si solo pudiera leer uno de los tres libros, éste es el que debe leer.

- *Uso personal*: Cada capítulo termina con una investigación bíblica y preguntas personales.

- *Uso para grupos pequeños y retiros*: Ver la Guía de discusión en grupo al final del libro.

Conversaciones con propósito para mujeres está diseñado para la lectora de *Camino hacia el propósito para mujeres* que quiere profundizar más en su relación con Dios. Este libro de trabajo la anima a escoger una Compañera de Propósito y concertar diez citas juntas. Disfrute la conversación con su compañera, los versículos bíblicos, las preguntas y los ejercicios específicos de evaluación personal que la ayudarán a descubrir el propósito exclusivo de Dios para su vida, desde los vistazos iniciales hasta los pasos más desafiantes que quiera dar en su jornada.

- *Uso personal con su Compañera de Propósito*: Busque una compañera y disfrute del compañerismo y el crecimiento mientras indagan juntas los propósitos específicos de Dios para la vida.
- *Uso para grupos pequeños y retiros*: Estudien el libro como pequeño grupo, como clase de mujeres de la escuela dominical o en un retiro, formando grupos de tres o un máximo de cuatro, completando los ejercicios y discutiendo el contenido con intervalos espaciados.

Oración con propósito para mujeres es una experiencia de sesenta días que la guiará a pedirle a Dios que le revele los propósitos para su vida. Usted descubrirá nuevas perspectivas a partir de ejemplos modernos y personajes bíblicos, preguntas específicas para hacerse mientras busca la respuesta de Dios y un análisis revelador de los patrones y propósitos de su vida.

- *Uso personal*: Este libro se puede usar como un devocional diario. No obstante, si lo utiliza como un devocional mientras lee *Camino hacia el propósito para mujeres*, obtendrá una experiencia más profunda y solidificada.
- *Uso en retiros*: Ideal para un retiro en soledad. Cada mujer puede estudiar el libro a su ritmo durante el fin de semana. En el último día, pueden discutir sus hallazgos con sus compañeras, sin tener en cuenta cuánto han avanzado en el libro.

Disponible también:

Diario personal del camino hacia el propósito para mujeres
A medida que busque y descubra el propósito exclusivo de Dios para su vida, es importante que anote lo que «el Señor haya hecho» en su vida familiar, personal y ministerial. Cada página de este complemento del

Camino hacia el propósito para mujeres la ayudará a realizar sus anotaciones y a reflexionar sobre cómo Dios la está dirigiendo por el sendero de la vida.

Prólogo de la serie

En 1997 Katie me invitó a dos días de *Plan de Vida*, y la experiencia fue muy significativa para mí: ¡Un momento decisivo!

Hasta ese momento, yo me había sentido confundida y frustrada respecto de mis metas y mis dones espirituales, e incierta sobre la contribución de mi vida para el reino de Dios. Mediante la guía firme, pero dócil de Katie, puede ver mi vida con una nueva perspectiva y descubrí una valoración más grande de Dios. En un cartel de papel que colgamos en su sala de estar, trazamos el camino que había transitado desde mi niñez, y pude ver claramente que Dios había estado dirigiendo cada momento de mi vida. Me humillé ante Dios y me sentí convencida de su amor por mí. Las cosas que sabía intelectualmente se trasladaron de mi cabeza a mi corazón, y pude encontrar gozo y sentido en el dolor que había experimentado.

El Espíritu Santo usó a Katie para abrir mis ojos hacia actitudes, pecados y deseos equivocados que habían estado arraigados en mí, y mediante un tiempo de oración de sanidad, pude desarraigarlos de mí. Después de revisar el pasado y establecer el presente, me ayudó a expresar los sueños dorados que tenía para mi futuro. . . sueños que había temido nombrar en voz alta. En la presencia cálida, gentil y alentadora de Katie, pedí a Dios que me utilizara en maneras que nunca había esperado, que nunca había considerado posibles, y en las que ni siquiera me había atrevido a tener esperanzas. Nuestras lágrimas se entrelazaron cuando ella afirmó el llamado de Dios en mi vida, al confesar con fe que Dios había permitido el dolor para sus buenos propósitos, y al manifestar su confianza en mi capacidad de llevar a cabo las metas y los sueños inspirados por Dios durante nuestro tiempo juntas.

Después de algunos años, muchas de esas lecciones aún siguen afectando mi vida diaria. Dios ha escuchado mi anhelo de ser usada por él, y a pesar de que la tarea a veces parece más de lo que puedo soportar, retrocedo a esas horas decisivas y vuelvo a sentir la seguridad de que él está dirigiendo mis pasos y que terminará la obra que ha comenzado.

Katie entrega esta misma calidez, firmeza gentil, convicción profunda y pasión por Dios en sus libros. Quizá usted nunca tenga el privilegio de llamarla «amiga» como lo hago yo, pero a través de sus escritos, usted encontrará una muy querida compañera para su jornada espiritual.

Kay Warren
Iglesia de Saddleback
Noviembre de 2004

Primera parte

Un paso *hacia el* Camino

Capítulo 1

¿Está su vida fuera de sintonía?

Mis días se van más veloces que una lanzadera,
y sin esperanza alguna llegan a su fin.
(JOB 7:6)

¿Recuerda a George Bailey, el actor principal de la clásica película *It's a Wonderful Life* [Es una vida maravillosa]? Él se sumerge en una grave depresión e incluso considera acabar con su vida a causa de sus sueños no realizados y sus sentimientos de inutilidad. Con la ayuda de Clarence, un ángel, George ve el impacto de la misión específica en relaciones en las que se lo ha necesitado al pasar de los años. Llega a comprender que hubo un propósito claro durante toda su vida. Descubre que su vida ha tenido bastante importancia y todavía la sigue teniendo.

De la misma manera que George, tenemos propósitos para cumplir, muchos de ellos vinculados con nuestras relaciones, nuestras pasiones, nuestros talentos, nuestras experiencias, nuestros sueños, nuestras esperanzas y nuestras inquietudes. Llevar una vida más amplia, satisfactoria y dinámica de la que puede estar viviendo actualmente es posible si capta la visión de Dios para su vida. Es una experiencia de transformación. Yo no soy ningún ángel, pero experimenté una transformación extraordinaria en mi trayectoria por el camino hacia el propósito. Estoy ansiosa de compartir lo que he aprendido en el camino.

A los treinta y cinco años de edad, inesperadamente, me divorcié. Gary y yo habíamos empezado a salir cuando estábamos en la universidad. Nos casamos, forjamos una vida juntos y tuvimos hijos. Luego, después de una conversación que duró solamente algunos minutos, todo había terminado. De repente, no tenía esposo de quién cuidar, mis dos hijos a menudo visitaban a su padre y perdí muchas de las responsabilidades familiares que durante años habían definido mi vida.

Fui mucho más afortunada que muchas mujeres divorciadas con niños pequeños. No perdí el apoyo económico ni me vi forzada a sobrevivir de cualquier forma. Más bien, todo lo contrario. Mi ex-marido adoraba a nuestros hijos. Él sentía que no podía estar con ellos lo suficiente o hacer lo suficiente para que nuestra vida sea más fácil. De modo que cuando los niños venían a casa después de una visita con su padre, estaban bien alimentados, a menudo con ropa nueva y cansados, pero felices. Yo tenía menos ropa sucia que lavar, menos que cocinar, menos compras que hacer y menos deberes escolares de qué preocuparme que cuando estábamos juntos como familia. Vivía como una *princesa divorciada*.

Pero en el fondo, no me encontraba bien. La comodidad de mi vida no aliviaba la tristeza inmensurable del divorcio. Mi corazón estaba destrozado y me encontraba sola. Menos niños del vecindario visitaban nuestra nueva casa diminuta, y ninguna pareja me invitaba a salir con ellos en sus excursiones. Después de algunas malas experiencias, decidí no asistir a ninguna cita. Así que llevé una vida tranquila y sencilla compartida con algunos amigos fieles, mi Biblia y mi nuevo mejor compañero, la guía de los programas de televisión.

Con ninguna presión urgente que cumplir, me sentí enormemente desanimada e inútil. Todo lo que había colmado mi vida otorgándole una apariencia significativa, me había sido arrancado o se había estancado. Mis amigos casuales, se daban cuenta de que parecía perdida, pero aquellos que me conocían mejor sabían que me estaba desplomando en la desesperanza.

El dolor de esa transición y mi falta de propósito empeoraron por el hecho de que durante cinco años le había rogado a Dios que me diera una causa del tipo de Juana de Arco o un propósito exclusivo para conquistar, pero él no lo había considerado conveniente. Me sentía confundida. A veces me preguntaba si el único propósito lógico de vida que me quedaba era ir de compras, ya que mi peso espiritual decaía mientras mi depresión se profundizaba.

UN VIVO DESEO POR PROPÓSITO

Han pasado más de quince años desde esos días difíciles, y Dios me ha dado más significado en la vida de lo que jamás pude haber imaginado. En medio de ese desierto sin sentido, empecé una intensa jornada espiritual a través de la que Dios me reveló lentamente sus propósitos para mi existencia. Hoy, mi ministerio como Directora[1] cristiana certificada del *Plan de Vida* de la Iglesia de Saddleback, me da el privilegio de acompañar a otras mujeres que están clamando por un propósito en su vida.

En breve, voy a contarle un poco más de mi trayectoria por el camino hacia el propósito; pero ahora permítame preguntarle: ¿Cómo le va en el aspecto de la validez personal y la trascendencia de su vida? ¿Está clamando al Señor para que le dé entendimiento acerca de sus propósitos para su vida?

A través de mis propios pasos tambaleantes y mi interacción con miles de otras mujeres, he descubierto que hay un sinnúmero de buenas mujeres cristianas que apenas funcionan porque se sienten solas, desilusionadas o atrapadas por una vaga insatisfacción. Sienten que no tienen una razón fundamental e importante para existir, y están llenas de culpabilidad por el oscuro secreto de estar al borde de la desesperación.

> *Toda la vida de un buen cristiano es un anhelo santo.*
> SAN AGUSTÍN

El hecho es que la mayoría de las mujeres han sentido este vacío en algún momento, aunque sea levemente. En algún momento de transición en la vida, han experimentado un sentimiento de abandono. Esta melancolía inexplicable puede manifestarse de muchas formas: desde la depresión posparto hasta la crisis de los cuarenta. Puede ser incitado por la pérdida de un trabajo, una mudanza a otra vivienda o un divorcio. También puede ocurrir después de haber llegado a una meta soñada, ganar una competencia, construir una casa, graduarse de la escuela, planear una boda o jubilarse de una carrera.

Si usted se encuentra en este perplejo lugar, puede llegar a sentirse aburrida y confundida. Tal vez, añora algo estimulante a lo cual dedicarse. Tal vez, abordó la adultez con grandes ideas de cómo iba a influir en el mundo; pero ahora se encuentra luchando para encontrarle sentido a los sentimientos de vacío, frustración o inanidad. Tal vez, no puede atenuar las inquietantes preguntas que gritan en el silencio de sus noches:

- Amado Dios, ¿cuál es mi lugar? ¿Cómo puedo influir en el mundo? ¿Qué lugar tienes para mí?
- ¿Hay alguien que me necesita de veras? ¿Importa siquiera mi existencia en este mundo?
- ¿Por qué me siento fracasada como cristiana?
- ¿Por qué no disfruto de mi ministerio en la iglesia, de mis responsabilidades familiares o de mi trabajo? ¿Por qué me siento tan insatisfecha?
- ¿Por qué no soy feliz? ¿Por qué estoy arrepentida de tantas cosas?
- ¿Es esto todo lo que hay en la vida? ¿Es así como Dios quiere que sea mi vida?

- ¿Cuándo dejé relegados mis sueños y pasiones?
- Si escuchara el llamado de Dios, ¿tendría el tiempo o la fortaleza espiritual de seguirlo?

Si se encuentra enfrentando preguntas como estas y anhela algo mejor, tenga la seguridad de que hay esperanza.¡Dios le revelará su propósito, y su corazón lo alabará por todo lo que tiene preparado para usted! Él quiere que usted pueda decir: «Esto es lo mío. Estoy en sintonía. Esto es lo que deseo para mi vida. Para esto he nacido. ¡Qué impactante!» O —el factor decisivo en el caso de una carrera—: «¡No puedo creer que me paguen para hacer esto!»

Desesperada por hallar respuestas

Déjeme referir un poco más acerca de cómo empecé mi búsqueda del significado de la vida. Durante esos días horribles en que me sentía completamente sin propósito, Beth, mi amiga de toda la vida, y yo hablábamos acerca de nuestras similares frustraciones. Ambas sentíamos que, aunque le habíamos entregado nuestra vida a Cristo, últimamente no nos había mostrado (¡al menos desde nuestra perspectiva limitada!) ninguna dirección actualizada y clara. Anhelábamos que Dios nos mostrara el camino a seguir, lo cual sabíamos que podía hacer.[2] Incluso hacíamos bromas acerca de inventar un «medidor o detector de propósito» para que pudiéramos detectar hasta los signos más leves de actividad con propósito.

Beth recientemente había cumplido sus cincuenta años y vivía sola, ya que sus hijos se habían independizado. Ella se describía como una «extenuada mujer casada que estaba perdida en un pantano de mediocridad, hundiéndose en las arenas movedizas de los años de poca perseverancia». Yo me sentía más en tensión, como si estuviera esperando a alguien (o algo) importante que nunca fuera a aparecer; como esperar a un plomero en la víspera del Año Nuevo.

Todos tratan de distintas formas a este tipo de angustia psicológica y espiritual, dependiendo de lo leve o intensa que se manifieste. Yo estaba desesperada. No sabía cómo pedir la dirección para mi difícil paso por las aguas inexploradas de la falta de propósito. Solo sabía que estaba en malas condiciones mentales y espirituales. Tenía que hacer algo —cualquier cosa— para desatascarme. Sabía que tenía que tomar un paso audaz —cualquier paso audaz— y ver qué me esperaba.

No esperaba que mi jornada comenzara como lo hizo. Mi madre me dio un video de la vida de la Madre Teresa.[3] Lo vi media docena de veces, llorando cada vez mientras tocaba el fondo de mi alma. En el video, la Madre Teresa decía que si Dios me estaba llamando para servirlo en una forma específica, lo sabría sin la menor duda. Luego hacía una invitación para ir a Calcuta.

En cada corazón yace el anhelo de un romance sagrado. . . son las ansias de nuestro corazón, el anhelo de la superación, el deseo de ser parte de algo mayor que nosotros mismos. . . En lo más profundo de nuestro corazón se encuentra el anhelo de unirnos en un propósito heroico con aquellos que tienen la misma mente y el mismo espíritu.[4]
BRENT CURTIS Y JOHN ELDREDGE

La tomé en serio y escribí una carta a las Misioneras de la Caridad en la India pidiendo permiso para visitarlas. Sabía que esos ángeles piadosos habían respondido obedientemente al llamado de Dios en su vida, atendiendo a los más pobres de los pobres, en uno de los ambientes más caóticos del mundo. Pensé que si trabajaba junto a mujeres que estaban en tanta sintonía con Dios descubriría su secreto de oír la voz de Dios. Seguramente, al escuchar las fascinantes historias de cómo Dios había obrado fielmente en la vida de ellas podría comprender el plan de Dios para mi propia vida.

Estuvieron de acuerdo en que las visitara, así que empecé a planear mi viaje a Calcuta. Una decisión a tomar tuvo que ver con mi madre de sesenta y siete años de edad, que insistió en viajar conmigo. No tenía la menor idea de cómo podría protegerla contra la malaria, los asaltantes y el caos, pero no se dejó disuadir. Su objetivo de conocer a esta famosa y piadosa mujer era inmutable. Me dijo: «Voy, aunque mis posibilidades de conocer a la Madre Teresa sean remotas». Finalmente, dejé de explicarle que no teníamos ni siquiera probabilidades de poder ver a su amada heroína. Me reía al recordar un viejo dicho: «¡Si no es una cosa, es una madre!»

¿Podemos dejar atrás nuestros trajinados senderos para seguir uno menos transitado?. . .El descubrimiento del destino está lejos de ser algo pasivo.[5]
BILL THRALL, BRUCE MCNICOL Y KEN MCELRATH

De modo que mi ex-marido se llevó a nuestros hijos a unas muy ansiadas vacaciones, y mi madre y yo cargamos nuestras maletas y partimos a un viaje de diez días que tendría repercusiones a lo largo de toda nuestra vida. Abordé el avión con una mezcla de sentimientos de aprensión y entusiasmo. Me preguntaba si me agradarían o no las respuestas que encontraría del otro lado del océano. En todo caso, estaba agradecida por tener una compañera de viaje fiel y relajada como mi madre. En cierta manera, ella era mi ángel piadoso, un verdadero tesoro de Dios que me apoyaba en mis esfuerzos por comprender mi nueva vida.

Primer paso: La India

Saliendo del aeropuerto después de una serie agotadora de vuelos, llamé a un taxi. Mi corazón se estremecía mientras nuestro conductor esquivaba esos carros orientales de dos ruedas tirados por un hombre, tranvías, autobuses, taxis, vacas y peatones. Sabía que Calcuta tenía una población de once millones, incluyendo más de sesenta mil personas sin hogar, pero ese conocimiento no me había preparado para la miseria de las calles. Pude ver casuchas hechas de bambú, papel, plástico, barro, cartón y neumáticos. Pude observar el rostro de las mujeres amasando estiércol de vaca para usar como combustible en la cocina. Pude ver niños orinando en las zanjas y reparar en otros que usaban esa misma agua de la zanja para bañarse. Mi madre y yo estábamos pasmadas de susto cuando el taxi nos dejó en un callejón cerca de la casa de las Misioneras de la Caridad.

Al abrirse la puerta del convento, nos admiramos al ver algo completamente diferente. Una docena de novicias bulliciosas vestidas con saris de color blanco y azul nos dieron la bienvenida con entusiasmo y nos hicieron pasar. Incluso cuando todavía estábamos tratando de controlar nuestras emociones, una de las monjas nos preguntó con toda naturalidad: «¿Quisieran ver a la *Madre*?» Nos quedamos mudas. La monja nos acompañó al segundo piso.

La experiencia fue más que surrealista. Descalza, la Madre Teresa se inclinó en reverencia mientras nos acercábamos. Era de baja estatura y tenía los hombros encorvados; sin embargo era como ver a un gigante. Al verla, pensé en Isaías 61:3: «Serán llamados robles de justicia, plantío del Señor, para mostrar su gloria».

Mi madre y yo éramos muy conscientes de la buena reputación de este gigante de roble como una líder-servidora visionaria, y de su trabajo con los leprosos e indigentes. De modo que nos sorprendimos cuando pidió que nos sentáramos junto a ella en un desvencijado banco de madera en un balcón del segundo piso. Mientras nos acomodábamos, nos agradeció por haber ido para servir y traer provisiones para los huérfanos. Charlamos con toda tranquilidad hasta que espeté la pregunta que estaba quemándome el corazón: «¿Cómo puede usted hacer este trabajo en condiciones tan paupérrimas?»

Una sonrisa se extendió lentamente por su rostro hasta sus ojos. Transmitiendo la ternura de Cristo, tocó mi brazo y susurró: «Es de sumo gozo para mí».[6]

No supe qué pensar. ¿Cómo podía decir que era de sumo gozo trabajar en los barrios pobres? Seguramente, aquello era un acertijo de alguna clase, o ¿era la profunda respuesta de un roble maduro con raíces profundas? Me preguntaba si alguna vez podría descifrar lo que ella había querido decir. ¿Sería su comentario, posiblemente, una pista hacia la calma y la dirección que yo estaba buscando?

El viaje a la India fue un sueño hecho realidad para mi madre. Eso me causó mucho placer. En cuanto a mí, llegué a la errónea conclusión de que el sumo gozo de la Madre Teresa venía del hecho de que ella tenía un propósito destacado e intenso en la vida, que la hacía *sentirse bien* debido a su gran contribución. Durante la década siguiente, descubriría que esa teoría había sido falsa. Tenía tanto en qué pensar; pero por lo menos había dado el primer paso en mi búsqueda del propósito.

Segundo paso: Frankl

Un año después de mi visita a Calcuta, estaba sentada en la academia de postgrado (garabateando) cuando el catedrático empezó a dictar una conferencia sobre el doctor Viktor Frankl, un sobreviviente del campo de concentración nazi. Dijo que Frankl les aplicaba inyecciones verbales de propósito a los demás prisioneros que estaban al borde de morir de desesperanza. A veces, Frankl los ayudaba a soportar con el propósito de terminar una pintura cuando volvieran a casa, o de sembrar un jardín, o de abrazar a un ser querido.

Mi buscador interior de propósito subió abruptamente, y me erguí en el asiento como si pasara electricidad por mi espalda. Escuchaba atentamente mientras el catedrático explicaba el papel esencial del propósito en el corazón humano. Y, aunque nunca mencionó a nuestro Dios Creador como quien le atribuye un propósito a cada uno, comprendí que mi búsqueda del propósito era un fenómeno de la naturaleza humana diseñada por Dios. Mi anhelo por la trascendencia por fin tuvo sentido. ¡A final de cuentas, no estaba loca!

¡Dios *planea* que las personas sean conducidas por el propósito! Él *espera* que busquemos el sentido de nuestra existencia y que escuchemos atentamente mientras nos lo revela. En su sabiduría, nos dio a cada uno distintos grados de necesidad de ser visibles, de sentir que importamos, de sentir que estamos contribuyendo con algo. No importa la impresión que demos en la vida, ya sea que se note que carecemos de propósito, o que el mundo piense que lo tenemos todo, de algún modo seguimos anhelando un propósito para nuestra vida.

Me concentré en la investigación para hurgar más profundamente. No sabía dónde me estaba llevando Dios; pero cuanto más aprendía, más me apasionaba el hecho de que los cristianos de hoy comprendan su propósito.

Empecé a escribir una variedad de revelaciones deshilvanadas. Me había embarcado nuevamente en la travesía de mi corazón para encontrar el propósito en la vida.

Tercer paso: Saddleback

Varios años después de esa revelación que tuve en el aula, Dios me guió a mí y a mis hijos a empezar a asistir a la Iglesia de Saddleback. Me sentí como en casa cuando el pastor Rick Warren empezó a hablar de los propósitos de Dios para la iglesia y para nuestra vida. Cuando llegó a conocerme más, dijo que yo, tal como muchos otros, ¡necesitaba con regularidad una *transfusión de propósito* para seguir funcionando!

Y hoy, gracias a que Dios me habla por medio de su Palabra y de mi pastor, puedo conseguir mi suministro diario de propósito. Aprendí que los propósitos que Dios me dio son los mismos que los suyos. Dios nos diseñó a cada uno para que nos relacionemos con los demás, para que lleguemos a conocer y ser más como él, para servir en el ministerio, para difundir las buenas nuevas del evangelio y para glorificarlo. Mi más claro conocimiento de esos propósitos ha vuelto a calibrar cada aspecto de mi vida, incluyendo por qué es un honor tan grande invertir en mis responsabilidades diarias, por qué es tan importante para mí madurar espiritualmente y lo que Dios me está revelando sobre mi propósito exclusivo en la tierra.

Después de considerar todo lo que había aprendido de mis días en Calcuta, llegué a la conclusión de que el propósito de la vida conforma un círculo de: *hacer-ser-hacer*. *Hacer* hoy lo que Dios me pide que haga en mi familia, en mi iglesia y en mi comunidad. *Ser* más como Cristo. Y luego, ¡*hacer,* antes de morir, el trabajo específico y destacado que Dios ha diseñado especialmente para mí! Con esa verdad como fundamento, mi desafío —y el de usted— es descubrir las emocionantes especificaciones de esta realidad de *hacer-ser-hacer* en nuestras propias vidas.

Pasos vitales hacia el propósito

Encontrar nuestro propósito en la vida no es muy fácil. Para la mayoría, incluyéndome a mí, es el resultado de mucha perseverancia y, a veces, un esfuerzo exhaustivo. Además, no es nada que la mayoría hacemos bien solos, y yo ciertamente no podría haberlo hecho sin la ayuda de Maureen, mi hermana menor. Ella me enseñó el valor de seguir un sendero de probada eficacia, lleno de señales, cualquiera sea el objetivo.

Lo que aprendí de Maureen al principio no tuvo nada que ver con mi búsqueda del propósito en la vida. Tuvo que ver con mi condición física, específicamente con la flaccidez que había quedado después de mis embarazos. Maureen había corrido veintisiete maratones y tres triatlones, incluyendo una competición de Hombre de hierro en Hawai. De modo que le pedí que fuera mi entrenadora de ejercicios y que me ayudara a estar nuevamente en forma.

Durante nuestra primera sesión de entrenamiento, me ordenó que solamente caminara frente a una casa y que trotara frente a la siguiente. Empecé a hacerlo con regularidad, enojada y quejumbrosa, hasta que pude correr tres cuadras a un ritmo bastante bueno.

Luego Maureen dijo: «Si puedes correr tres cuadras, debería intentar una divertida carrera de cinco kilómetros». De modo que entrené duro y crucé la meta sólo para mostrarle que yo también podía ganar una camiseta.

Entonces me desafió: «Si puedes correr cinco kilómetros, puedes correr diez kilómetros». De modo que anoté muchos kilómetros más corriendo con ella y en competencias porque disfrutaba de su compañía.

Estoy segura de que usted puede predecir lo que dijo después: «Si puedes correr diez kilómetros, puedes correr medio maratón (20 Km.)». De modo que me esmeré e hice exactamente eso, porque noté el beneficio adicional de perder peso. (¡Las damas dijeron a coro «amén»!)

Finalmente, corrí medio maratón en un terreno accidentado, en el calor extremo del verano y gané la medalla del segundo lugar. Cuando el director de la competencia anunció mi nombre y me puso la medalla al cuello, ¿cree usted que me importó que solo una mujer más de mi edad hubiera participado en la competencia? No, ¡yo había ganado una medalla!

A propósito, corrí un kilómetro extra después de esa carrera tratando de atrapar a mi hermana que me incitaba diciendo: «Si puedes correr medio maratón cuesta arriba en el calor, puedes correr un maratón (40 Km.)». Créame, si hubiera sido lo suficientemente veloz como para alcanzarla, la habría hecho retractarse. Estaba harta. Pero ella tenía una resistencia que yo no tenía. Equipada con perspectiva y un plan estratégico, había sido constante haciéndome avanzar hacia cada nuevo nivel de competencia. Aunque pronto la perdoné, no podía olvidarme de su último desafío.

De modo que, con su orientación y consejo, no pasó mucho tiempo hasta que corrí mi primer maratón. Me sentí muy fuerte hasta los veintiocho kilómetros. Luego choqué con la infame *pared*:

Kilómetro 28: me atraganté con *Gatorade* para mantener mi energía

Kilómetro 29: le pedí a la gente que me echara vasos de agua

Kilómetro 30: tenía punzadas de hambre y lloré como un bebé

Kilómetro 31: dije: «Dime algo. . . No, no me digas nada».

Kilómetro 32: hice un pacto con Dios para que termine todo

Kilómetro 33: le pedí a mi hermana que me empujara por detrás

Kilómetro 34: estaba demasiado cansada como para poder quejarme

Kilómetro 36: grité de ira y dolor que la competencia era una locura total

Kilómetro 37: avancé poco a poco, suplicando: «Que alguien me dispare»

Kilómetro 39: ¡atravesé la línea final a las 3 horas y 59 minutos!

Kilómetro 40: ¡me desplomé sobre la hierba después de la competencia y me reí de gozo!

A pesar de mi experiencia de la *pared*, ese maratón y varios que siguieron, fueron momentos destacados de mi vida. Atribuyo gran parte del buen éxito a mi hermana, mi entrenadora, quien comprendía claramente el proceso del entrenamiento a largo plazo. Sus conocimientos respecto a cada paso del proceso y su habilidad para inspirarme hicieron que me impulsara (y empujara) hacia la meta.

Veo gran semejanza entre una novicia que trata de correr un maratón y una mujer que trata de encontrar su propósito en la vida. En ambos casos, es necesario tener un guía o una pareja que conozca el camino hacia donde usted quiere dirigirse, alguien que pueda prepararla para los desafíos y los riesgos que están por delante. Muchas mujeres dejan de descubrir y cumplir sus importantes propósitos en la vida porque no tienen un mentor, un entrenador, un consejero o un maestro cristiano que pueda instruirlas en los pasos para alcanzar la siguiente señal.

Si tiene un fuerte deseo de eliminar el vacío, el miedo, el aburrimiento y la falta de sentido en la vida, déjeme ser su *Maureen*. Viaje conmigo para descubrir cómo cada paso hacia el cumplimiento de los propósitos de Dios para la vida la desafiará y la llenará de júbilo. Venga conmigo hacia donde puede ver claramente la vida que su Padre celestial siempre ha querido que viva, donde su vida tiene un importante significado, donde sus relaciones son auténticas y donde su paz interior es verdadera.

No será un camino fácil de transitar, pero incursionemos en él juntas. Contemos con Dios para que nos provea los peldaños que nos dirijan al descubrimiento de sus exclusivos propósitos diarios y a largo plazo para nuestra vida. Cuando sienta que Dios la está empujando hacia adelante, únase conmigo en esta estimulante aventura a lo largo del camino de Dios hacia el propósito.

NOTAS

1. (p. 18) Una consulta de *Plan de Vida* es una gestión personal de dos días, dirigida por el Espíritu Santo, para personas del mismo sexo, durante la cual una de las partes le pregunta a Dios: «¿Cuál es tu voluntad para la siguiente temporada de mi vida y para la segunda parte de mi vida?» (Ver el Capítulo 13, nota 2 del libro sobre Planificación de la Vida de Tom Paterson.)
2. (p. 20) Ver el Salmo 143:8.
3. (p. 21) *La Madre Teresa*, una película de Producciones Petrie, Inc., 1986. Producida y dirigida por Jeanette y Ann Petrie. Narración de Richard Attenborough.
4. (p. 21) Brent Curtis y John Eldredge, *The Sacrad Romance* [El sagrado romance] (Thomas Nelson, Nashville, 1997, 19.)
5. (p. 21) Bill Thrall, Bruce McNicol y Ken McElrath, *The Ascent of a Leader* [La ascensión de un líder] Jossey-Bass, San Francisco: 1999, 147. Copyright 1999 por Leadership Catalyst, Inc.
6. (p. 23) Una conversación con la autora en La Casa de las Misioneras de las Madres de la Caridad, Calcuta, India, 1 de diciembre de 1987.

Capítulo 2

DEJE ATRÁS SU PASADO

Olvidando lo que queda atrás y esforzándome por alcanzar lo que está delante, sigo avanzando hacia la meta para ganar el premio que Dios ofrece mediante su llamamiento celestial en Cristo Jesús.
(FILIPENSES 3:13–14)

Imagine que seguir el camino hacia el propósito fuera como cruzar un basto arroyo en las montañas. Mientras nos preparamos a dar nuestro primer paso juntas, ya podemos vislumbrar en la lejana orilla los acogedores bosques y el panorama inspirador. ¡Un valioso premio ciertamente nos aguarda! Nuestro impulso puede ser el deseo de llegar allí lo más pronto posible; pero la corriente es fuerte y se entremezcla con sectores de mayor profundidad. Afortunadamente, Dios nos ha provisto piedras para ayudarnos a cruzar a salvo. De modo que antes de dar su primer paso, y de correr el riesgo de zambullirse en las aguas heladas, tomemos una pausa para asegurarnos de que está preparada para la jornada que tiene por delante.

Dedique un momento a pensar detenidamente en el ritmo con el que debe proceder y hágase las siguientes preguntas: *¿Puedo soportar en este momento un ritmo intenso, a toda máquina, hacia adelante? ¿Estoy física, emocional y espiritualmente preparada para dejar atrás todo lo demás, y proseguir hacia delante para cumplir algunos o todos los propósitos de Dios para mi vida? ¿Sería mejor, por el momento, hacer un planteamiento más pausado? ¿Debería dar un paso por vez, aunque sea muy lento, o sencillamente dar rápidamente un paso para saber qué me depara la futura jornada?*

El primer paso crucial

Si está lista para partir, vamos a considerar el primer paso, que se ha tomado del pasaje bíblico del principio de este capítulo: olvidar lo que queda atrás y esforzarse por alcanzar lo que está delante. Si le parece un primer paso raro, déjeme decirle que a mí también me pareció lo mismo, pero Dios sabe lo que hace. Él sabe que cargar el peso del pasado nos puede desgastar como si estuviéramos cargando una mochila llena de ladrillos. Nos puede impedir ganar el premio. Olvidar lo que queda atrás, en realidad, es un regalo. Vamos a explorar por qué.

La directiva de Dios de olvidar la hace libre del peso de su pasado. Olvidar significa poner una distancia entre usted y los problemas y las penas que ha experimentado. La hace libre de la culpabilidad y la vergüenza, y alivia su carga de pesar o amargura. Le da una nueva perspectiva, debido a que usted sobrevivió a la tristeza y que es emocionalmente más fuerte de lo que pensaba anteriormente. Le proporcionará un generoso suministro de esperanza cuando comprenda que Dios ha visto todo lo que ha atravesado, y que él sabe cómo usar todo ello en su plan para llevar a cabo sus propósitos en su vida.

Los que con sinceridad y valentía pueden tratar con el pasado como una herramienta de formación y aprendizaje, irán por el camino que los guía a la auténtica vida. Es un estilo de vida sincera que nos ayuda a aceptarnos a nosotros mismos tal y como somos, con todas nuestras debilidades.[1]
Dr. John Trent

Olvidar el pasado para luchar hacia el futuro no es un asunto instantáneo de un solo paso; es un proceso multifacético. Los psicólogos nos dicen que en realidad no podemos olvidar algo (excepto mediante una represión peligrosa de aquello) hasta haber experimentado algún tipo de sanidad. De modo que antes de aventarnos a toda máquina hacia el camino del propósito, necesitamos permitir por un tiempo que la sanidad sea el legítimo enfoque de nuestra vida. Está muy bien permitirse retrasar su búsqueda del propósito para poder concentrarse en la sanidad, y para dejar atrás cualquier cosa que la pueda agobiar o inmovilizar en la jornada que tiene por delante.

Si en este momento tiene horribles y viejas heridas producidas por algunas relaciones, que aún siguen abiertas, o si sus sentimientos están en carne viva porque el mundo se le ha venido encima, debe proceder cautelosamente en esta exploración de lo desconocido;

pero hágalo. Con la ayuda del Espíritu Santo, confronte la pena, el pesar o el trauma que la está destrozando. Este capítulo la ayudará a comenzar. No debe preocuparse por los pasos que siguen. En este momento, la sanidad es el propósito prioritario de su vida.

Los peligros de saltear este paso

Usted puede sentir la tentación de saltear el paso de la sanidad y de dejar atrás el pasado. Puede considerar que es menos importante que lo que Dios quiere en verdad que haga por él. Si esa es su respuesta, tenga cuidado. Usted podría caer en un ciclo vicioso de lecciones no aprendidas, asuntos no resueltos y penas sin atender. De esta manera, no estará psicológica, emocional o espiritualmente equipada para manejar ninguna gran tarea nueva que Dios le encomiende. Yo lo sé, porque eso fue exactamente lo que hice.

Cuando era más joven, no me daba cuenta de la necesidad de confrontar el pasado, tratar con él y obtener sanidad antes de dejarlo atrás. Pensé que sencillamente podía ignorarlo y seguir hacia delante. Era una imitadora experta del método de tratar con la realidad de Scarlett O'Hara en Lo que el viento se llevó. Sus palabras: «Pensaré en eso mañana», me parecían una buena idea.

Aun recién casada, la angustia de la vida y mi negación empezaron a cobrar su cuota. Mi esposo Gary era un joven y dinámico detective policial, a quien le otorgaron la Medalla de Valor por arriesgar su vida al salvar a un colega. La placa que recibió, decía en parte: «Por dejar de lado su propia seguridad, por el heroísmo personal más allá de lo que exige el deber, por la valentía extraordinaria ante el peligro físico inminente. . .» Mientras Gary se sentía profundamente honrado por haber servido a la fuerza policial, parte de mí se moría de miedo. Pero diligentemente enterré los sentimientos de preocupación y temor, y comencé mi caminata por la supervivencia.

Aprendí a mantener la calma en medio del mundo de policías y ladrones en el que se encontraba mi esposo, y más adelante en su trabajo de agente secreto de narcóticos. Mi lema para hacer frente a todo aquello me parecía muy ingenioso: Soy la súper esposa del súper policía. Puedo con todo. Aquello no era un enfoque sofisticado ni bíblico del estrés; pero yo era joven y no tenía la menor idea de que me estaba preparando para una caída.

Entonces, en 1981, a los treinta y cuatro años de edad, Gary tuvo un ataque cardíaco cuando estaba de guardia. Ese ataque siguió con una operación de triple by-pass y el posterior retiro forzado del departamento de policía.

Según Gary, en apenas siete años, había pasado de ser un héroe a ser un don nadie. Tuvimos que hacer frente a más que asuntos de desempleo y falta de ingresos. Estábamos aturdidos por la pérdida de su sueño de toda la vida de ser un gran policía, cosa que todo el mundo conocía como una de sus más grandes pasiones.

Para empeorar más las cosas, uno de los cirujanos le dijo: «Probablemente vamos a tener que abrirte nuevamente dentro de cinco años». De modo que observé cómo mi marido se convirtió en el caso perfecto de alguien que padece de miedo a la muerte. Mi especialidad se convirtió en ser una animadora. Sentía que mi trabajo era poner cara alegre y tener todo bajo control.

Pero nuestras vidas estaban fuera de control. Un año después del ataque cardíaco de Gary hubo una crisis tras la otra. Falleció una de mis mejores amigas, una colega mía en el instituto de enseñanza superior donde trabajaba, y también falleció uno de mis estudiantes favoritos. Mi suegro y mi madre ingresaban y salían del hospital con afecciones cardíacas. Nuestra casa se inundó con el agua a 60 cm. altura. En medio de todo aquello, hicimos numerosos viajes de emergencia al hospital. Recuerdo vívidamente estar de pie a solas, temblando intensamente, mientras los médicos hacían todo lo posible por resucitar a mi esposo cuando su corazón se había parado. Ni siquiera había tenido tiempo de llamar a nuestros familiares. Y para agregarle emoción a todo esto, quedé embarazada de nuestro segundo hijo. Pero no importaba lo que estaba sucediendo, yo podía manejar toda esa situación porque se suponía que debía hacerlo.

Pero no me fue bien después del nacimiento de nuestra preciosa nena. Debido a una enfermedad de la tiroides no diagnosticada, mis hormonas me arrastraron a una depresión profunda que duró mucho más que la depresión post-parto. Durante cinco meses no hice más que estar sentada en mi sillón reclinable, envuelta en mi bata rosada, durmiendo y llorando. Algunos días ni siquiera podía salir de la cama.

Escribí en mi diario que estaba viviendo una pesadilla, que me había resbalado hacia un hoyo sin fondo en el centro de la tierra, del cual no podía escapar. A veces no podía ni escribir. Solo miraba fijamente la manecilla de los segundos del reloj, enmudecida y destrozada, y suplicaba: «Dios, si te queda algo de compasión por mí, ayúdame a sobrevivir el próximo segundo».

Les pedí a mi familia y a mis amigos que oraran por mí, porque estaba tan decaída que no podía ni orar. Me sentía como una muñeca de porcelana que en cualquier momento se podía romper en mil pedazos. Una vez garabateé en el reverso de una cuenta vencida:

> Estoy girando en un remolino de oscuridad absoluta hacia un abismo negro sin fondo, tremendamente triste, asustada y confundida. Sentada en la oscuridad. Exhausta y sin esperanzas.

MÁS ADELANTE, DURANTE MI LENTA RECUPERACIÓN, ESCRIBÍ:

> Señor, sé con toda seguridad que no puedo sobrevivir a otra experiencia de infierno-en-la-tierra. Nunca más tendré la fuerza monstruosa que necesitaría para cooperar contigo en volver de la muerte por segunda vez. Si vuelvo a caer en una segunda depresión, quiero que sepas que preferiría seguir muerta emocionalmente o sencillamente morir físicamente. Ésta ha sido la experiencia más triste y más dura de mi vida.

Quisiera poder decir que al poco tiempo tomé los pasos apropiados para olvidar la desesperación de mi pasado y dejar todo atrás, pero no lo hice. En vez de eso, aprendí el arte de vivir como una persona maníaca. Fui diestra en eso y, con el tiempo, fui aún mejor.

Durante los años que siguieron a nuestro divorcio, compré un flamante auto convertible rojo, contraté un comprador personal, instalé una piscina en mi patio, anduve recorriendo el mundo, obtuve certificados de estudios superiores y aprendí a ser implacable en un trabajo corporativo. Mi estrategia para sobrevivir se había convertido en: «Si gastas lo suficiente, viajas lo suficiente, trabajas lo suficiente y te vuelves suficientemente perfeccionista, el dolor se entumecerá». Evitaba el dolor porque tenía terror de que ese sentimiento me hiciera caer en una nueva depresión. Además, una madre sola y maníaca se mueve y logra hacer las cosas, mientras que una madre deprimida, no.

> *La especialidad de Dios es tomar a los «debiluchos» del mundo y convertirlos en almas esplendorosamente fuertes. Ante sus ojos, el quebrantamiento no es un fracaso; es una puerta de entrada hacia una espiritualidad más profunda.*[2]
>
> JUDITH COUCHMAN

Me parece asombroso ahora pero realmente pensé que podía encontrar el propósito de Dios en medio de mi vida desesperada. No se me había ocurrido que entumecer el dolor se había convertido en mi propósito. No tenía ni idea de cuánto influenciaba en mi vida diaria el peso de mi pasado. Me llevó años escuchar la voz de Dios llamándome a través del ruido y la confusión en que vivía.

Conforme continuemos nuestro viaje en el camino hacia el propósito, le contaré más acerca de cómo comencé a olvidar el pasado lentamente y a avanzar hacia la meta para la cual me había llamado Cristo. Pero, por ahora, le pido que comprenda que soy un vívido ejemplo de la gracia de Dios. Nunca imaginé que Dios podía usar o que usaría a un desastre como era yo para ministrar a otras mujeres. El pensamiento de esto sigue siendo incomprensible; pero Dios lo está haciendo, y estaré humildemente agradecida por la eternidad.

NO IMPORTA LO OSCURO QUE HAYA SIDO EL PASADO, USTED PUEDE AVANZAR

Me encanta la forma en que Dios toma a cualquier cristiano dispuesto —sin importar cuán destrozado o lleno de cicatrices sea su pasado— y teje con cada hilo de su vida el plan de edificación para el Reino. No rehuye nuestras penas o fracasos, sino se especializa en esperanzas, segundas oportunidades y resurrecciones. Él está presente con usted ahora, equipándola y empujándola para que se prepare a llevar a cabo su obra en la tierra.

He tutelado y llegado a querer a algunas mujeres con agallas que han sobrevivido problemas y penas horripilantes. Son mujeres de carne y hueso que, en algún tiempo u otro, han tenido una necesidad desesperada de esperanza. Se han enfrentado al pasado, lo han puesto en las manos de su Señor, y han avanzado hacia adelante. Aunque algunas de ellas son famosas, adineradas o talentosas en sus esferas de influencia, lo que me impresiona de cada una es el increíble testimonio de dificultades, quebrantamiento y restauración.

Una de ellas es una abuela cuya preciosa nieta de dos años de edad murió de SIDA después de haber recibido una transfusión sanguínea. Otra es una mujer cuyo marido le dejó su anillo de matrimonio y una nota con una sola frase: «Ya no puedo estar casado contigo». Otra es una amiga que cuando estrenaba su licencia de conducir, siendo apenas una adolescente, atropelló a su hermanita al retroceder el auto, quitándole la vida. Otra es una madre que sostuvo el cráneo partido de su hijo mientras esperaba que llegara la ambulancia a la escena de su reciente accidente automovilístico.

> *Aún sigo teniendo días malos; pero no importa. Antes solía tener años malos.*
> ANÓNIMO

Estas mujeres han hecho frente a la agonía de la vida, y saben cómo Dios puede usar esas experiencias para sacar lo bueno de lo malo. Han visitado las profundidades del infierno, y han vivido para proclamar a los demás que Dios no se apartó de su lado ni por un segundo. Han sido testigos de su poder y de su gracia, aún en medio de sus esparcidas cenizas de desesperación. Ojalá pueda encontrar consuelo al saber que si Dios puede encontrar maneras de usar el dolor de ellas y el mío para cumplir sus propósitos, puede usar los suyos también.

¿QUÉ DE SU VIDA?

Usted puede haber experimentado relativamente pocas penas en su vida, o puede haber soportado experiencias horribles. La vida puede ser dura para usted *hoy*:

- Pudiera estar en una lucha constante con cosas *molestas* de la vida, como un jefe exigente, o sonidos extraños y costosos en su automóvil.
- Tal vez, las cosas *crónicas* de la vida amenacen con agobiarla: disciplinar a un adolescente agresivo, orar por un esposo incrédulo, cuidar de un hijo minusválido o enfrentar su propios temores.
- Quizás, se enfrente a cosas *inesperadas*: la llamada telefónica de su suegra preguntando si puede ir a vivir a su casa, o la voz de su médico que dice: «Lo siento, es maligno», o una carta de la Dirección General de Impuestos que exige el pago de algunos impuestos atrasados, o una nota de su hija diciendo que ya no puede criar a sus hijos, de modo que los ha dejado en frente de su aparato de televisión.
- Sus luchas pueden ser contra las cosas *pecaminosas* de la vida, tales como el adulterio, la adicción o la agresión.
- Su reto puede ser arreglárselas con cosas *indescriptibles* como los recuerdos obsesivos del abuso recibido o la desaparición de su hijo.

Puede ser que usted no tenga ni idea de cómo olvidar sus crisis presentes o pasadas, menos aún seguir avanzando. Incluso leer que Dios quiere que usted lo haga puede hacer que se sienta trastornada. Pero, sean cuales sean las circunstancias pasadas o presentes, aférrese a la esperanza de que Dios está con usted.

Su pasado y su presente, no solo las cosas malas que le han sucedido, sino también las buenas —sus buenos éxitos, sus relaciones, sus esperanzas, sus anhelos, sus valores morales, sus motivaciones, su fe en Dios, su autoestima y su personalidad— la han formado para llegar a ser lo que es hoy. Dios ha decidido usar cada parte de usted en su plan: su mente, su cuerpo, su alma, su pasado y su presente. Él no necesita un calzador para introducir su plan dentro de las circunstancias de su vida. Él puede hacerlo sin esfuerzo.

Toma en cuenta mis lamentos; registra mi llanto en tu libro. ¿Acaso no lo tienes anotado?
(Salmo 56:8)

¿Está dispuesta a vaciar la carga de ladrillos de su mochila? ¿Está dispuesta a descargar el peso excesivo de su pasado y dejar que sanen las viejas heridas? Entonces, avancemos hacia delante. Dios quiere que usted llegue al otro lado del arroyo para que pueda volver y ayudar a otros a cruzar al otro lado.

LA GUÍA DEL VIAJERO PARA «DESEMPACAR» EL PASADO

Las siguientes sugerencias y actividades están diseñadas para ayudarle a dejar atrás el pasado y avanzar hacia el descubrimiento del propósito de Dios para su vida. Dedique todo el tiempo que necesite para completar cada paso, y resista la tentación de tomar atajos. En este viaje, ¡los atajos solamente llevan a callejones sin salida!

Escriba acerca de su dolor

Después de un tiempo de oración buscando la guía de Dios, escriba los sucesos negativos de su pasado, especialmente sus recuerdos más dolorosos. (Diario del camino hacia el propósito o cualquier otro diario o cuaderno de apuntes, sería un instrumento útil para llevar un registro de esta información.) Sin considerar cuánto tiempo haya transcurrido desde que atravesó una experiencia dolorosa, si aún está luchando contra las repercusiones, tiene que tratar con ello a fin de estar preparada para cumplir los propósitos de Dios para su vida. Procesar su pesar o dolor no es negociable. Dígale a Dios que quiere soltar los problemas del pasado y que quiere que él tome esas experiencias y le ayude a olvidarlas.

Si alguien a quien necesita perdonar o a quien necesita pedir perdón estuviera involucrado en uno de los incidentes, haga todo lo posible para reparar su relación con esa persona de modo que pueda seguir avanzando. Terminar con el problema la ayudará a obtener la sanidad. Mientras se toma su tiempo para avanzar a través de cada recuerdo, vaya tachándolo de la lista.

UNA NOTA DE PRECAUCIÓN: Si está luchando para superar una pena o depresión, o si tiene heridas profundas del pasado, puede ser que necesite ayuda profesional para enfrentar y procesar esos asuntos. Comience admitiendo que siente ese dolor. Luego escoja un confidente prudente, tal como un pastor, algún líder de la iglesia, un consejero o una amiga madura espiritualmente que la ayude a avanzar hacia su sanidad.

Recuerde un tiempo en que recibió sanidad

Piense en un dolor emocional o físico del que ya ha sanado. Imagine ese proceso de sanidad como si fuera un terreno escabroso al que se enfrentó, quizás una montaña que escaló o un puente peligroso que cruzó. ¿Recuerda qué desalentadora fue esa horrible experiencia? ¿Puede recordar cómo Dios la equipó para ese viaje? El hecho de lograr atravesarlo es prueba del poder de Dios obrando en usted. Retroceda y observe con su nueva perspectiva desde este lado del dolor. Siéntase animada por lo lejos que ha llegado.

Ahora, repita el mismo ejercicio con algún daño emocional que desearía ver sanado. Medite en el desafío que enfrenta, imagine la victoria que Dios le dará. No deje que el arduo proceso la estorbe, porque usted ya ha atravesado un territorio similar. Dios la ha ayudado a sobrevivir antes. Permita que lo haga otra vez.

En oración, decida confiar en Dios

Decida hoy confiar en que Dios tiene un plan para usar su pasado para bien en el futuro. Esta crucial decisión requiere un acto de su voluntad. Tiene que querer tomar la decisión de enfocarse en lo que está por delante.

Escriba su testimonio

Si todavía no lo ha hecho, escriba su testimonio en aproximadamente tres o cuatro páginas. A medida que lo haga, se dará cuenta si está avanzando en su sanidad emocional. ¿Se le hace difícil comenzar? En una página describa lo que ocurrió en su vida antes de conocer a Cristo o antes de madurar en la fe, en otra página describa la bondad de Dios y cómo la ha sanado y en otra página escriba su percepción acerca del propósito de Dios para su vida en este momento. Luego recuerde que un testimonio es una declaración pública. ¡Compártalo con alguien!

Pregúntese: ¿A quién dará esperanzas mi dolor?

Estoy segura de que ya habrá notado que ministrar a los demás respecto del propósito en la vida resuena con un profundo dolor en mi alma. Dios ministró profundamente en mi vida cuando comprendí que estaba usando mi pasado para ayudar a otros, incluso mis penas en el área de la desesperanza. Al ver las cargas y las profundas necesidades de otros que tenían hambre por conocer la verdad acerca del plan de Dios para su vida, fui libre de mi parálisis emocional, de mi mentalidad de víctima y del pensamiento negativo.

De modo que le recomiendo identificar la clase de persona por la que usted siente una empatía profunda, alguien que pueda beneficiarse al escuchar acerca de sus penas y sus esperanzas. Pregúntese: «¿Qué persona o grupo de personas necesita saber que Dios ha prometido increíbles propósitos para la vida?» Entonces, cada vez que quiera abandonar su labor de sanidad personal, piense en las personas que eventualmente pudieran beneficiarse si continúa su jornada.

Rodéese de personas que tengan esperanza

Los buenos modelos de conducta pueden ser una influencia poderosa en nuestra vida, y hay varias maneras de rodearse de esa clase de personas. Busque a alguien con quien le gustaría pasar un tiempo y atrévase a pedir una cita. Además, busque y lea testimonios de personas tales como Corrie ten Boom, Catherine Marshall, Hannah Whitall Smith, Elisabeth Elliot, Joni Eareckson Tada y Ruth Graham (hija de Ruth y Billy Graham). Sus historias renovarán su valor y refrescarán sus esperanzas.

LIBROS DE ESPERANZA
RECOMENDADOS PARA TIEMPOS DE DIFICULTADES

** El Dios que yo amo, por Joni Eareckson Tada* [3]
** En cada banco se sienta un corazón partido, por Ruth Graham* [4]

Es hora de confiar en los propósitos de Dios para su vida

¿Está preparada para dar este paso en su vida: olvidar lo que queda atrás y esforzarse por alcanzar lo que está delante? Si es así, busque a Dios y sus propósitos para su vida mientras cumple los ejercicios que he bosquejado para usted en este capítulo. Eche una última mirada a su pasado. Ahora cambie su enfoque y mire hacia el otro lado del arroyo. Usted puede avanzar hacia la meta a fin de ganar el premio para el cual Dios la ha llamado en Cristo Jesús.

A Dios le complace volver lo malo en bueno. Él es su Padre amante y generoso. Él tiene una forma delicada de envolver todas las partes de su vida como un paquete para darle esperanza y propósito. Sea que la tragedia haya destrozado su vida o haya vivido llena de dicha, todo lo que importa ahora es que usted se decida a permitir que Dios haga con usted lo que él quiere. Confíe en que usará lo peor y lo mejor de su pasado (y también el presente) para cumplir su propósito en su vida.

La primera decisión, mientras está de pie a la orilla del camino hacia el propósito, es que escoja cómo va a responder al ofrecimiento de Dios de usar la tierra fértil de su vida. Él está esperando noticias suyas. ¿Está lista para ser la mujer de propósito de Dios, la mujer de esperanza? No espere más. Una jornada llena de acontecimientos está por delante.

SABIDURÍA DE DIOS PARA EL CAMINO

El paso de vida de «María Magdalena»: Olvidar lo que queda atrás y esforzarse por alcanzar lo que está delante.

Para aprender una lección sobre la vida de María Magdalena, una pecadora arrepentida, lea Lucas 8:2 y Juan 20:1-18. Jesús había expulsado siete demonios de María Magdalena; no obstante, fue la primera persona con quien conversó después de su resurrección y fue a ella que encargó llevar un mensaje a sus discípulos. La historia de la misericordia de Dios en su vida ha sido referida por siglos como aliento y estímulo de miles de millones alrededor del mundo. ¿Permitirá usted que Dios use su dolor, su angustia, sus problemas, sus fracasos y su pecado perdonado? ¿Está dispuesta a dejar que los demonios del pasado, sus demoras, su desconfianza y sus sueños frustrados le den esperanza a alguien más? De ser así, dígaselo hoy.

Preguntas personales para el camino

1. Haga una lista de cinco cosas que le han causado pesar y dolor, que la

han lastimado, que le han causado rechazo o fracaso (por ejemplo: cáncer, abuso sexual, bancarrota, adulterio, adopción, esterilidad, aborto espontáneo, aborto, muerte de un ser querido, desempleo, robo, prejuicios, desastre natural).

2. ¿Cómo ha usado Dios una o más de estas cosas para el bien en su vida?
3. Aunque este capítulo se concentró principalmente en cosas que usted necesita olvidar y dejar atrás, Dios también puede usar sus buenos éxitos o recuerdos para el plan de su vida. Haga una lista de cinco de tales cosas (por ejemplo: ahorrar dinero para la educación de la universidad de su hijo, reparar una relación rota, forjar un matrimonio sólido, criar hijos virtuosos, terminar una competencia, superar una adicción, conseguir una bonificación, comprar una casa, viajar por el mundo, enseñar a un nuevo creyente acerca de Cristo).
4. ¿Cómo ha usado Dios una o más de estas cosas para el bien en su vida?
5. ¿Cómo podría usarse una combinación de cosas en sus listas para dar esperanza a otra persona?

NOTAS

1. (p. 30) Reimpreso por *LifeMapping*. Copyright 1998 por John Trent, Ph.D., WaterBrook Press, Colorado Springs, Colorado. Reservados todos los derechos.
2. (p. 33) Judith Couchman, *Designing a Woman's Life* [Como diseñar la vida de una mujer] Sisters, Ore, Multnomah, 1996, 91.
3. (p. 33 Joni Eareckson Tada, *El Dios que yo amo*, Grand Rapids: Zondervan, 2003.
4. (p. 33) Ruth Graham, *En cada banco se sienta un corazón partido*, Grand Rapids: Zondervan, 2004.

Segunda parte

Nunca *camine* sola

El propósito de Dios de *Comunión* para usted:
Cómo relacionarse con los demás

Capítulo 3

Haga lo que importa hoy

Como tú me enviaste al mundo, yo los envío también al mundo.
(JUAN 17:18)

Si ha decidido avanzar en el camino hacia el propósito, ¡entonces estamos en camino! Vamos a respirar hondo y atravesar el agua hasta la primera piedra. ¡Sí! ¡Esa misma! Sé que no parece muy atractiva ni muy acogedora; pero la piedra de aprendizaje para *hacer hoy lo que Dios le ha enviado hacer en el mundo* está firmemente arraigada en el torrente. Esta piedra sólida le hará avanzar un gigantesco paso en el camino hacia el propósito. Pero tengo que prevenirle que muchas mujeres pierden el equilibrio en este paso.

Algunas mujeres se tropiezan porque intentan saltar por encima de esta piedra en su apuro por buscar un propósito más profundo y grandioso. Esto es muy común en las mujeres que tienen una vida difícil. Sus funciones diarias se transforman en una batalla tan ardua e inapreciable que lo único que quieren es cerrar los puños y gritar a los cuatro vientos: «¡Basta! ¡Ahora, solo quiero hacer cosas divertidas y gratificantes!» Están demasiado agotadas como para ver que las funciones apremiantes de hoy ya están desbordando de un propósito que glorifica a su Creador. No se dan cuenta de que los esfuerzos que realizan cada día son extremadamente preciosos para Dios.

Para las mujeres escépticas este paso significa algo descomunal. No pueden ver cómo una piedra tan insignificante puede llevarlas a un propósito de vida superior. Piensan: *¿Qué relación puede haber entre la manera de llevar a cabo mis tareas diarias, rutinarias y sin glamour con un propósito de vida mayor y más emocionante? ¿Cómo puede ser que la forma de manejar las cosas «hoy» pueda garantizar un mañana más estimulante y lleno de propósito?* No quieren desilusionarse con falsas expectativas, así que regresan a casa. Irónicamente, al abandonar el arroyo, abandonan sus sueños, sus pasiones, sus añoranzas y sus esperanzas.

Sé que las responsabilidades rutinarias de hoy pueden parecer muy distantes del propósito glorioso que usted anhela. Sé que hacer solo lo que le corresponde hacer hoy puede no ser muy atractivo. Pero, por favor, pose los pies firmemente sobre esta piedra. Tenga por cierto que *hay* una fuerte relación entre ir hoy a donde ha sido enviada hoy —no importa cuán difícil, incomprensivo o poco gratificante pueda ser— con una futura asignatura de Dios que la dejará con la boca abierta. El cumplimiento de sus funciones hoy, aunque no sean emocionantes ni sensacionales, es el paso más seguro y predecible que puede dar hacia el intrigante propósito del mañana.

Dios valora el hoy

Dios ha escogido una serie de tareas diarias específicas para cada una de nosotras, y las cumplimos a través de nuestros roles en la familia, en la iglesia, en el trabajo y en la comunidad. También nos pide que manejemos nuestras responsabilidades en la vida personal (incluyendo nuestro bienestar mental, físico, emocional y espiritual). Aunque pueda que no veamos el valor en estos requerimientos comunes, Dios está comprometido a usarlos para cumplir sus propósitos. Así que tenemos que aprender a confiar en él como el Señor soberano de nuestros «hoy». En vez de preguntar: «¿Qué tarea extraordinaria puedo hacer para servir a Dios?», es mejor preguntar: «¿Qué quiere Dios que sea y que haga en mi rutina de hoy?»

Es muy triste cuando una mujer no acepta su más obvio propósito en la vida como un don de Dios. Digo esto porque soy muy consciente de mi culpabilidad por querer ser lo que no era. Pasé muchos años en esa condición. Me la pasaba pensando que *debería* estar haciendo otra cosa. Sucumbí al ver a los pañales y la cocina como deberes aburridos y monótonos, en vez de asignaciones dadas por Dios para bendición de los que me rodeaban. Durante los años de crianza de mis hijos quería tener un rol más significativo y heroico, y me perdí el gran propósito de lo que tenía ante mí cada día.

Ahora me doy cuenta de que todas las experiencias de nuestra vida tienen valor para Dios. Cada día él considera nuestra voluntad y fidelidad en las cosas ordinarias para ver si podemos manejar las asignaciones estimulantes y exclusivas que desea confiar a los que son fieles. No está en los planes de Dios que usted se pase el presente persiguiendo *una cosa* del futuro cuando tiene *muchas cosas* justo delante de usted. Usted nació para ejercer influencia como la de Cristo en un sinnúmero de maneras ordinarias, no para ignorar o evitar las oportunidades presentes mientras busca un proyecto más grande y notable. Como bien dice mi padre: «Chicos, sencillamente sigan su guión».

> *Cada etapa de la vida es un desafío y una oportunidad de crecimiento espiritual. En lugar de anhelar otra etapa, debemos descubrir lo que ésta ofrece.*[1]
> JOHN ORTBERG

A pesar del aburrimiento despiadado de las tareas ordinarias de la vida, hay maravillosas bendiciones que se encuentran en hacer hoy lo que Dios la ha enviado a hacer. Cómo quisiera haber tenido hace años la madurez de percibir que Dios me había asignado un propósito para cada día. ¿Cómo hubiera sido saber que a él le encanta honrar la obediencia fiel de sus heroínas ordinarias de cada día, que lo sirven incansablemente (aún cuando están cansadas)? Hubiera sido alentador haber comprendido que Dios veía las funciones diarias de servicio en las que estaba derramando mi vida, y que me remuneraría. Hubiera sido reconfortante darme cuenta de que esos esfuerzos le importaban. ¡Qué soporte de esperanza del que me hubiera podido asir si me hubiera dado cuenta de que esas experiencias eran parte de su plan para preparar mi carácter y mi fe, a fin de confiarme una responsabilidad más grande en el futuro!

Jesús arroja luz sobre otro don generoso que Dios nos regala cuando tomamos este paso. Lea sus palabras en Juan 17:17–18: «Santifícalos en la verdad; tu palabra es la verdad. Como tú me enviaste al mundo, yo los envío también al mundo». En esta oración, Jesús pide a Dios, su Padre, que santifique (ponga aparte) a sus seguidores para que hagan la voluntad de su Padre en el mundo, ayudándoles a creer y a obedecer la verdad de la Palabra de Dios. Cristo sabe que no podremos valorar nuestros roles por nuestros propios esfuerzos. Solo al aplicar la Palabra de Dios en nuestras circunstancias rutinarias y diarias se puede purificar tanto el corazón como la mente. La Palabra de Dios revela el pecado, nos da motivación para perdonar, produce arrepentimiento y nos ayuda a desear ser puras y santas, como Cristo. Nos consagra para nuestra función de cada día y para las

Ellos le respondieron a Josué: «Nosotros obedeceremos todo lo que nos has mandado, e iremos adondequiera que nos envíes».
(Josué 1:16)

metas futuras de Dios para nuestro servicio en la vida.

Una vez que se de cuenta de la gran importancia de sus funciones «ordinarias» ante los ojos de Dios, comprenderá que tiene más que suficiente trabajo. Reconocerá que le falta mucho para ser como Cristo. Verá sus limitaciones y buscará a Dios para recibir ayuda. Descubrirá que para estar realmente al día en su exigente mundo, tendrá que estar siempre centrada en el gran propósito eterno de Dios de ser más como Cristo. Reconocerá que es necesario vivir en comunión con Jesucristo. Tendrá deseos de adorar al Señor, el único que puede ayudarla a superar los retos diarios.

Una vez que comenzamos a valorar las funciones del presente, comenzamos a sentir los beneficios de la paz y el descanso que reducen el estrés. Cuando nos damos cuenta que Dios valora nuestro hoy, abandonamos la búsqueda ambiciosa de asignaciones superiores. Podemos dejar a un lado todas las cosas que la gente dice que debemos estar haciendo. Podemos descansar en la certeza de que cada día (y cada tarea) está bien protegido en el corazón de Dios. Podemos asirnos de los sueños que Dios nos ha dado para el futuro, sin la presión de hacer que ocurran en el presente.

Entonces, ¿qué de *sus* roles?

Ahora que comprendemos cómo Dios ve nuestras funciones cotidianas, vamos a echar un vistazo de cerca a las funciones que usted cumple actualmente. ¿Es hija, hermana, tía, sobrina, prima, esposa, madre, abuela, jefa, empleada, amiga, vecina, estudiante, voluntaria de la comunidad y sierva de Dios?

¿Se da cuenta de que cada uno de estos compromisos la convierte en una gran misionera de Cristo? Un misionero es «una persona enviada a hacer una obra religiosa o de caridad en determinado lugar».[2] Su trabajo como misionera de Dios se cumple en un lugar específico: el hogar, la iglesia, la oficina, la escuela, el vecindario, un estado o una nación. Su misión, llevada a cabo a través del amor de Jesús, juntamente con otros y para el beneficio de los demás, implica cualquiera de las circunstancias en las que está involucrada: jugar un juego de mesa con sus hijos, ser voluntaria en una escuela, presentarse en las elecciones para alcaldesa, actuar en una obra de teatro, salir de cita o ir a la capital para presionar al gobierno. ¿Cómo evaluaría su actual «estado de misionera»? ¿Está contenta con esta responsabilidad? ¿O para usted es una lucha comprender su verdadero valor? Si es así, no es la única.

> *¿Ha descubierto su misión? Generalmente hay muchos lugares dónde cumplirla: Su misión como cónyuge o padre o hijo, como cristiano, como prójimo, como empleado, como amigo.*[3]
> JANE KISE, DAVID STARK Y SANDRA HIRSH

Fue muy difícil para mí apreciar el valor espiritual y los méritos de los años de crianza de mis hijos. Por ejemplo, cuando llevaba a mis hijos, y a menudo a todos los niños del vecindario, de paseo al parque zoológico, a un parque, a la playa o a visitar a los bomberos, tenía la sensación de estar jugando, no de estar llevando a cabo algo valioso. Cuando les leía a mis hijos, cuando jugaba a las escondidas o cuando dibujaba con ellos, me sentía culpable de parecer una tonta. Cuando planeaba sus fiestas de cumpleaños, cuando los llevaba al dentista, cuando los acompañaba a la parada del autobús o cuando los ayudaba con sus tareas escolares, no pensaba que lo que estaba haciendo sirviera para mucho porque no estaba produciendo algo de notable valor.

En ese tiempo, no podía ver el cuadro completo. A veces me preguntaba: *¿Qué importancia tiene lo duro que trabajo o lo bien que logro hacer las cosas en el presente con respecto al plan más grande?* Otras veces equiparaba la importancia con un enorme esfuerzo. Entonces, mi frustración a menudo se convertía en un escrutinio cruel y personal de todo lo que hacía.

> *Llegará el día cuando habrá que explicarles a los hijos por qué nacieron, y será algo maravilloso si para ese entonces sabemos la razón.*[4]
> HAZEL SCOTT, PIANISTA

No fue hasta después de algunos años que descubrí que mis esfuerzos en la crianza de mis hijos eran muy valiosos. Ahora comprendo que lo que invertí en la vida de mis hijos tuvo (y tiene) importancia. Criar a mis hijos no es solamente mi responsabilidad, es uno de los roles de mi vida ordenados por Dios. Saber que estoy cumpliendo con mi deber me ha permitido encontrarle sentido a los momentos ordinarios del presente. ¡Qué alivio! Hoy disfruto plenamente de esos momentos. Algo que aprecio mucho es compartir una comida sin interrupciones con mi hijo y su esposa o escuchar cantar a mi hija.

Si usted es madre, le animo a estar agradecida por el alto llamado que Dios le ha dado hoy. Ser madre es un rol ungido. No ruegue por otras distracciones. Más bien, sumérjase en las experiencias de hoy. Valórelas y saque provecho de ellas. En el tiempo oportuno, Dios la guiará hacia delante, entonces usted será capaz de ver la importancia de las tareas ordinarias de hoy en el propósito total de Dios.

Por supuesto, las madres no son las únicas que se pueden sentir fuera de lugar, frustradas, o confundidas por sus actuales roles. Lori, por ejemplo, es una mujer soltera profesional con un excelente trabajo. Su sobresaliente destreza administrativa combina bien con sus responsabilidades de coordinadora de proyectos de un equipo de producción creativa y con su participación en reuniones de alto nivel dentro de su organización. Sus valores personales concuerdan bien con los de sus colegas. Sin embargo, Lori se siente «atascada» y se pregunta si los sueños de su vida se morirán al no poder cumplirlos. A menudo siente que solo está «pasando el tiempo» en su presente trabajo, cuando en realidad añora contribuir significativamente a tiempo completo en la vida de los ancianos de su comunidad.

No importa cuáles sean sus roles en la actualidad, déjeme asegurarle de que Dios los usará para el bien en el futuro. Él me ayudó a atravesar los tiempos duros que experimenté como madre sola, como empresaria y como ama de casa. En realidad, Dios siempre me estaba moldeando en cada una de esas situaciones, aunque no podía sobrellevar las rutinarias, exhaustivas e interminables listas de tareas de mis roles de esa época.

Cuando es difícil ver el propósito

Una cosa es darse cuenta de que Dios ha ordenado muchos mini-propósitos, incluso en los días más ordinarios de nuestra vida. Otra muy distinta es vivirlo. A veces, no importa cuán dedicadas seamos buscando el propósito de Dios en nuestra lucha diaria, la lucha nos desgasta. Entonces, ¿qué hacemos? ¿Qué es lo que Dios está planeando cuando la vida se nos escapa de control? ¿Qué debemos pensar cuando el estrés parece derribarnos a cada paso?

Déjeme contarle algunas de mis experiencias, y quizá se relacione con algo de la incertidumbre y la confusión que viví durante un tiempo particularmente difícil. Empezó en 1990, cuando mi ex-esposo falleció después de someterse a una cirugía cuádruple de by-pass. Yo estaba aturdida. Él había sido un ángel como padre y un caballero como «ex» (sé que suena algo contradictorio, pero es absolutamente cierto).

Nada en mi vida jamás se ha podido comparar a la penosa responsabilidad de contarles a mis hijos que su papá nunca más iba a volver a casa porque se había ido al cielo para estar con Jesús. Cuando estaba sentada en la oficina del director de la escuela de mis hijos, desorientada, esperando que llamaran a mi hija de tercer grado y a mi hijo de quinto grado, me preguntaba qué podría decirles para que comprendieran cuánto lo sentía. ¿Cómo podría comunicarles plenamente mi preocupación por su pena de ser huérfanos de padre cuando yo no había experimentado algo similar?

Decidí que sería mejor esperar unos tres meses antes de permitirme llorar profundamente, a fin de poder estar mejor emocionalmente para ocuparme de mis hijos. Pero antes de lo esperado, y sin mi permiso, una leve depresión empezó a rodearme como una nube oscura y tormentosa. Luché para comprender cómo los días tan oscuros podrían servir para algún propósito bueno. A su debido tiempo, comprendí que tenía que tomar las medidas apropiadas para seguir hacia delante, de modo que la depresión no me incapacitara.

A solo un año de la muerte de mi ex-esposo, me despidieron del trabajo a causa de una reorganización en la compañía. Aunque los jefes de la compañía fueron comprensivos y trataron de no herir mis sentimientos al darme la horrible noticia, mi mente aturdida escuchó: *Empleada fiel y leal, ¡estás despedida! ¡Vete a casa! Aquí tienes tu cheque de indemnización por despido y el número telefónico de tu nuevo mejor amigo, tu asesor de empleados despedidos.* Yo tenía ganas de responder a gritos: «¡Me iré a casa cuando se me de la gana!»

La pérdida de mi trabajo sacudió mi mundo, porque en ese entonces yo era la única que mantenía a mis hijos. Además, hacía unos meses, insensatamente había comprado una casa nueva sin la previa venta de mi otra residencia. Había jugado a la lotería con el destino, pensando que nuestra casa se vendería rápidamente, y desde luego no me imaginaba que me despidieran de mi trabajo. Desafortunadamente, no podía llevar la casa al mostrador de servicio al cliente y decir: «Quisiera devolver esta casa. Ya tengo una».

Sea auténtico con su dolor y sus sentimientos hasta que se hayan desvanecido. No existe una fórmula mágica.5 Stanlee Phelps, Consejero ejecutivo de desempleo y mi «nuevo mejor amigo»

STANLEE PHELPS, CONSEJERO EJECUTIVO DE DESEMPLEO Y MI «NUEVO MEJOR AMIGO»

La pérdida de trabajo renovó las intrigantes preguntas acerca de cuál era en realidad mi propósito en la vida. También fue duro para mi ego, porque mi trabajo constaba de una cómoda tarea de relaciones públicas, en el cual me ganaba el sueldo conversando. Un día largo podía incluir aprobar escritos para un informe anual de accionistas, volar en helicóptero para asistir a un almuerzo de ejecutivos con el presidente de la junta directiva y entretener a electores en un ballet más tarde esa noche.

Para empeorar las cosas, perdí mi trabajo dieciocho días antes de la

Navidad, lo que viene a ser el aniversario del bombardeo de Pearl Harbor. Sentía como si la pequeña isla de mi carrera había sido bombardeada mientras se suponía que debía estar deseándoles una feliz Navidad a mis hijos.

Si usted ha pasado por una adversidad similar, sabe que el verdadero reto es que uno siente que los problemas como éste nunca van a acabar. Por supuesto, uno sabe que las circunstancias cambiarán eventualmente; pero es difícil ver el final del martirio cuando está atravesando por él. Es más difícil aun ver su propósito o el sentido en todo ello.

Durante los catorce largos meses en los que no tuve un trabajo profesional, la monotonía interminable de algunas de mis tares básicas, como hacer la limpieza de la casa y cocinar, me llegaron a hartar. Tengo que concordar con el comediante Phyllis Diller quién ha dicho: «Hacer la limpieza de la casa mientras los hijos están creciendo es como sacar la nieve mientras sigue nevando». ¿Cuál era la razón? ¡Yo quería lograr algo en mi vida!

Años más tarde, encajaron las piezas del rompecabezas

Varios años más tarde, las presiones de la vida comenzaron a aliviarse un poco. Pasé un tiempo relativamente estable y pude reflexionar en el plan de Dios a través de cada una de mis situaciones complicadas. Los propósitos de mi vida actual todavía no estaban claros para mí, se parecían a las piezas de un rompecabezas; pero podía comenzar a ver una vaga figura en la caja. Esa imagen me aseguró de que Dios tenía un plan y me dio esperanzas.

En retrospectiva, veo que Dios me había dado una variedad de asignaciones durante todo el periodo de veinte años de mi vida que acabo de bosquejarle. Mi primer y principal propósito era llegar a conocer íntimamente a Dios y aprender que yo era valiosa porque él me había creado, no por lo que yo podía hacer. Mi propósito secundario era ser una buena esposa y madre, ayudando a criar a nuestros hijos en los caminos del Señor. Además, Dios me había llamado a ser una buena hija, hermana, familiar, amiga, empleada, miembro y voluntaria de la iglesia, vecina, y estudiante postgraduada.

Poco sospeché que Dios había asignado un propósito definido en cada uno de mis roles y en todos los acontecimiento de la vida. Nunca me imaginé que mis difíciles experiencias me estaban dando la solidez que iba a necesitar más adelante para ministrar a los demás. Nunca pude adivinar que Dios estaba tan concentrado en esculpir en mi carácter rasgos como humildad, fidelidad, paciencia y misericordia. No tenía ni idea de que esos años de desarrollo me estaban preparando para ofrecer la misma esperanza a otras mujeres, como la que Dios me proveía para poder superar cada día.

¿Estaba preparada, hace años, para escuchar que Dios tenía una asignación trascendental de alto impacto para mi vida? Aunque en ese tiempo pensaba que lo estaba, la respuesta es: «¡No, claro que no!» Ahora sé que lo más importante que ocurre en la vida a menudo es retador, raramente estimulante y frecuentemente espantoso. Estoy tan agradecida de saber que Dios nunca desperdicia un dolor. Lo utiliza todo para preparar nuestro corazón, nuestra mente, nuestro cuerpo y nuestra alma para recibirlo y adorarlo. A través de la lucha diaria comencé a obtener la sabiduría y la fortaleza para cumplir los grandes propósitos de la vida de la mano con Dios. Comencé a esperar la misma bendición de la que escribió el profeta Jeremías:

> «Bendit[a] [la mujer] que confía en el Señor, y pone su confianza en él.
> Será como un árbol plantado junto al agua, que extiende sus raíces hacia
> la corriente; no teme que llegue el calor, y sus hojas están siempre verdes.
> En época de sequía no se angustia, y nunca deja de dar fruto».[6]

Dios usó mi dolor, mi lucha con la depresión y mi pérdida de trabajo para poder identificarme con las mujeres que están sumidas en un gran desaliento y desesperación, que atraviesan una locura diaria o que pasan por espantosas crisis. ¡Qué privilegio es para mí poder reconfortarlas mientras alcanzan a percibir, dar prioridad, apreciar y sopesar la obra que Dios ha programado para ellas en el presente y en el futuro! Me siento muy bendecida y útil cuando ayudo a una mujer a ahorrar tiempo y lágrimas. ¿Quién sino Dios puede haber orquestado un buen propósito de mi doloroso pasado?

No importa cuáles sean sus funciones en la vida, ya sea una abuela viuda, una camarera divorciada, una investigadora dedicada al cáncer, una misionera mal pagada, una aeromoza retirada, una deprimida estudiante graduada, una oficial de libertad condicional que nunca estuvo casada o una conductora de automóviles de uso compartido, escuche las instrucciones de Dios para su vida. Aunque quisiera que Dios le hubiera puesto un sello en la frente con sus propósitos presentes y futuros, el Señor sabe que usted es más inteligente que eso. Él quiere que prestemos atención al consejo del apóstol Pablo: «Si el Espíritu nos da vida, andemos guiados por el Espíritu».[7] Él espera que usted pase por la vida cumpliendo sus individuales propósitos cotidianos, guiada por el Espíritu Santo quien dirigirá sus pasos.

Creo que aun en medio de la rutina ordinaria, Dios revela pistas de lo que nos ha llamado a hacer. La Biblia dice que «cada uno ponga al servicio de los demás el don que haya recibido, administrando fielmente la gracia de Dios en

«Es como cuando un hombre sale de viaje y deja su casa al cuidado de sus siervos, cada uno con su tarea». (Marcos 13:34)

sus diversas formas»[8], de modo que Dios ya la ha bendecido con dones espirituales, destrezas, talentos y habilidades naturales. Ya sea que sepa enseñar, dirigir, alimentar, dibujar, cantar, construir, analizar, investigar, motivar, organizar, escribir o alguna otra cosa, Dios le proveerá situaciones en las que pueda usar esos dones para bien de su Reino. Es por eso que las Escrituras nos amonestan a usar nuestros dones según la gracia que Dios nos ha dado.[9]

Sus funciones diarias son increíbles oportunidades para que use sus dones naturales y espirituales para enseñar a su familia, a sus amigos y a sus vecinos acerca de Cristo para que sean más como él. Dios engendró esos rasgos en usted con el propósito de ayudarla a anunciar el mensaje de Cristo en medio de su mundo diario. Cuando usted ofrece su corazón y sus dones al servicio de Dios para cumplir lo que él le ha encomendado, comienza a sentir que: «La vida es buena. Nunca he experimentado tal sentimiento de satisfacción. Gracias, Señor, por darme tareas tan importantes. ¿Cómo me has concedido semejante gracia?»

MUJERES DE PROPÓSITO EN LA BIBLIA

Dios engendró propósito en la vida de las mujeres que leemos en la Biblia. Muchas veces me he preguntado si es posible que supieran la importancia de sus increíbles asignaciones en la vida. Ahora estoy convencida de que sencillamente cumplieron su trabajo, y fueron obedientes a lo que Dios les encomendó hacer en un momento dado. Algunas de ellas tenían asignaciones en su hogar, en su lugar de trabajo, en su congregación o en su comunidad. Al leer más acerca de ellas, considere lo que lograron con su entrega fiel a la voluntad de Dios para su vida.

María, la madre de Jesús, se unió a otras mujeres en el primer culto de oración registrado.[10]

Ana, una profetisa, fue la primer testigo a los judíos del nacimiento de Jesús.[11]

María Magdalena fue la última junto a la cruz,[12] la primera en lle gar a la tumba [13] y la primera en proclamar la resurrección.[14]

Lidia, una mujer comerciante, fue la primera en Europa en dar la bienvenida a los misioneros cristianos, Pablo y Silas, y fue la primera convertida en ese continente.[15]

María de Betania fue honrada por Cristo.[16]

Débora fue jueza.[17]

Rut fue una nuera fiel y emprendedora.[18]

Ana fue la madre de Samuel.[19]

Abigail ha sido reconocida como la primera mujer oficial de relaciones públicas.[20]

La mujer sunamita fue la amiga hospitalaria de Eliseo.[21]

Elizabeth fue la madre de Juan el Bautista.[22]

Juana viajaba con Jesús y lo ayudaba. [23]

Susana apoyaba económicamente a Jesús y a sus discípulos.[24]

A la mujer samaritana junto al pozo se la llama evangelista.[25]

Dorcas era una costurera benefactora y líder de la iglesia.[26]

Febe era diaconisa de la iglesia.[27]

Priscila era colaboradora de Pablo.[28]

Rahab fue una prostituta, que por fe recibió en Jericó a los espías israelitas.[29]

LA GUÍA DEL VIAJERO PARA HACER LO QUE IMPORTA HOY

Las siguientes sugerencias han sido diseñadas a fin de ayudarla a cumplir sus propósitos de hoy, para que pueda avanzar hacia el descubrimiento del máximo propósito de Dios para su vida. Dedique todo el tiempo necesario para el proceso y resista la tentación de cortar camino.

Otorgue un orden de prioridad a sus roles

Es difícil descubrir el propósito si no hemos definido nuestras prioridades. De modo que dedique tiempo a considerar sus roles más importantes y otórgueles orden de prioridad en su mente, en su corazón y en su horario. Comprométase hoy a vivir en lo posible según esa lista:

- ¿Cuál es el rol más importante de mi vida?
- ¿Cuál es el segundo rol de importancia en mi vida?
- ¿Cuál es el tercer rol de importancia en mi vida?
- ¿Cuál es el cuarto rol de importancia en mi vida?
- ¿Cuál es el quinto rol de importancia en mi vida?

Tenga cuidado de sí misma

Si va a dedicarse a servir a Dios, tiene que cuidar de su cuerpo físico. Pregúntese: «¿Estoy comiendo lo debido? ¿Descanso lo suficientes? ¿Tomo el agua que necesito? ¿Me doy descansos para reír?» Si no es así, ¿Cuáles son las tres cosas que hará el próximo mes para mejorar su cuidado personal?

No se deje llevar por el pánico

La vida no es justa. Vivimos en un mundo caído. No se pueden eludir los tiempos difíciles. ¡Pero no se deje llevar por el pánico! Hasta los propósitos más elevados de Dios pueden ser muy difíciles o, de vez en cuando, hasta agotadores. Piense en esto un momento. ¿Qué mayor propósito pudiera haber para una mujer que cuidar de un miembro de la familia con una enfermedad crónica? Sin embargo, hay mucho dolor que acompaña a una responsabilidad tan consumidora como ésa.

No importa las funciones que usted cumpla o las dificultades que enfrente, tenga presente que Dios no la abandonará. Estará siempre a su lado. Confíe que Dios la ayudará a vencer. ¿Qué rol o asignación la pone nerviosa o histérica? ¿Cómo puede depender de la fortaleza de Dios en esa situación?

Aproveche cada momento

No se pierda el desfile cotidiano de la vida por buscar una actuación mágica en la carpa de un circo. ¿Qué «desfiles» tiende a perderse? Piense en lo que puede hacer para aprovechar cada momento que la vida le ofrece.

LIBROS RECOMENDADOS SOBRE LOS ROLES DE LA VIDA

Professionalizing Motherhood
Profesionalizar la maternidad, por Jill Savage [30]
En busca de sentido y trascendencia, por Robert McGee [31]

ES HORA DE HACER LO QUE IMPORTA HOY

Dios no trata de ocultarnos su voluntad. Él quiere usar el lugar donde la ha colocado hoy para prepararla para mañana. Es su responsabilidad enfocarse en sus roles con mucho cuidado, y buscar las señales del camino que Dios estratégicamente ha colocado donde debe dar un giro. Él quiere revelarle su plan cuando lee, estudia y medita en su Palabra, como también cuando ora, escucha predicaciones y conversa con otros creyentes en Cristo. Él está presente para guiarla paso a paso por la senda que ha designado para usted, si es que dedica tiempo para buscar su dirección. De modo que, ¿dará el siguiente paso hacia Dios y el cumplimiento de sus propósitos para su vida? *¿Hará hoy lo que Dios le encomendó hacer en el mundo?*

Comprenda que algunas mujeres percibirán, únicamente en retrospectiva, el gran milagro en el cual han participado. No se darán cuenta del rol que han cumplido en la historia hasta después de haberlo realizado. No puedo decirle por qué Dios organiza misiones tan furtivamente. No son la norma, pero ocurren.

Si usted es como casi todas la mujeres que cumplen fielmente sus funciones diarias, llegará un momento cuando suene el teléfono, cuando llegue una carta por correo electrónico, cuando alguien toque a la puerta o cuando Dios aproveche otro medio para darle la visión que tiene para su vida. Cuando Dios decida darle funciones superiores a las que tiene hoy, o cuando le abra los ojos a una visión más amplia, su corazón palpitará con fuerza. Pero no se preocupe. Esa es una reacción normal al dar un paso gigantesco hacia delante.

SABIDURÍA DE DIOS PARA EL CAMINO

EL PASO DE VIDA DE «LIDIA»: HACER HOY LO QUE DIOS NOS ENCOMENDÓ HACER EN EL MUNDO.

Para aprender una lección sobre cómo cumplir sus presentes roles en la vida, lea acerca de Lidia en Hechos 16:11-15, 40. Ella era una mujer de negocios exitosa, conocida en las ciudades cercanas y lejanas, porque vendía tela púrpura y artículos teñidos a muchas familias y hasta a la realeza. Además, adoraba a Dios. Después de escuchar la enseñanza del apóstol Pablo fue bautizada, ¡y llegó a ser la primera convertida al cristianismo en Europa! Luego Lidia abrió su hogar para Pablo y para otros nuevos discípulos de Jesús en ese lugar. ¿Está usted, tal como Lidia, cumpliendo sus funciones en la vida, sea como ingeniosa ama de casa, mujer profesional, líder de ministerio o en otra función?

Preguntas personales para el camino

1. Usted cumple muchos roles en su círculo íntimo y en su esfera de influencia. Escriba una corta descripción de quién es en algunas de esa funciones. Yo he escrito el párrafo siguiente como ejemplo de mi propia vida. ¡Disfrute del ejercicio!

¿Quién soy?

Soy una cristiana en desarrollo que tiene días buenos y malos. Soy una hija que, desde que mamá murió, está aprendiendo a relacionarse más con su padre. Soy una buena hermana de siete hermanos, soy compañera de responsabilidad mutua y guerrera de oración. Soy una tía que acepta a sus increíbles veinte sobrinos, como si siempre fuesen a tener la maravillosa edad de hoy. Soy la mejor amiga de unas cuantas mujeres. Soy una mujer introvertida que con soledad equilibra las relaciones. Soy una vecina tímida y retraída, nadadora y estudiante de seminario. Soy una empresaria, orgullosa de haber fallado como media docena de veces. Soy una ex-esposa que hizo las paces con su «ex». Soy parte del personal de la iglesia, autora y conferenciante. Soy madre sola y una suegra agradecida de no ser todavía abuela. Pero no soy cocinera, jardinera ni decoradora de interiores. ¡Y puedo decir con toda franqueza que ya no corro en maratones!

2. Escriba otros títulos que pueda tener. Aquí doy ejemplo de cuán variados pueden ser sus roles: gerente de economía familiar, personal de asistencia al necesitado, policía de televisión, conservadora de tradiciones y herencia familiar, cocinera principal y lavadora de mamaderas.

3. ¿Cómo la sorprenden o impresionan todos los roles que trata de cumplir?

NOTAS

1. (p. 45) John Ortberg, La vida que siempre has querido, Zondervan, Grand Rapids: 1997, 59.
2. (p. 46) William Morris, ed., The American Dictionary of the English Language Houghton Mifflin, Boston: 1981, 840.
3. (p. 47) Jane Kise, David Stark, and Sandra Hirsh, *LifeKeys* [Claves de la vida] Bethany House, Minneapolis: 1996, 209.
4. (p. 47) Hazel Scott, En *The Quotable Woman* [La mujer digna de mencionar] Running Press, Philadelphia: 1991, 72.
5. (p. 49) En una conversación con la autora en marzo de 1992. Stanlee Phelps es autora de *Assertive Woman* [La mujer enérgica], 3ra ed. Impact, San Luis Obispo, Calif.: 1997.
6. (p. 51) Jeremías 17:7-8.
7. (p. 51) Gálatas 5:25.
8. (p. 52) 1 Pedro 4:10.
9. (p. 52) Vea Romanos 12:6.
10. (p. 52) Vea Hechos 1:14.
11. (p. 53) Vea Lucas 2:36-38.
12. (p. 53) Vea Marcos 15:40-47.
13. (p. 53) Vea Juan 20:1.
14. (p. 53) Vea Mateo 28:1-10.
15. (p. 53) Vea Hechos 16:13-14.
16. (p. 53) Vea Mateo 26: 13.
17. (p. 53) Vea Jueces 4- 5.
18. (p. 53) Vea Rut 1-4.
19. (p. 53) Vea 1 Samuel 1: 20.
20. (p. 53) Vea 1 Samuel 25:32-35.
21. (p. 53) Vea 2 Reyes 4:8-10.
22. (p. 53) Vea Lucas 1: 57.
23. (p. 53) Vea Lucas 8:1-3.
24. (p. 53) Vea Lucas 8:1-3.
25. (p. 53) Vea Juan 4:28-29.
26. (p. 53) Vea Hechos 9: 36.

27. (p. 53) Vea Romanos 16:1-2.
28. (p. 53) Vea Romanos 16: 3.
29. (p. 53) Vea Hebreos 11: 31.
30. (p. 55) Jill Savage, Professionalizing Motherhood [Profesionalizar la maternidad] Zondervan, Grand Rapids; 2002
31. (p. 55) Robert McGee, *En busca de sentido y trascendencia*, W Publishing Group, Nashville; 2003

Capítulo 4

Ame a los demás como Cristo la ama

Este mandamiento nuevo les doy: que se amen los unos a los otros. Así como yo los he amado, también ustedes deben amarse los unos a los otros. De este modo todos sabrán que son mis discípulos, si se aman los unos a los otros.
(JUAN 13:34–35)

La siguiente piedra en el camino hacia el propósito le puede parecer mucho más tentadora que la anterior. Esta antigua y bien conocida piedra es: *amarnos los unos a los otros como Cristo nos ama*. Todos los que fielmente siguen a Cristo hacia el máximo propósito de Dios eventualmente pisan esta piedra y encuentran una base firme antes de seguir adelante. No hay una ruta alterna para cruzar el arroyo.

Este paso puede ser más fácil para usted si es del «tipo relacional»; pero no importa cuál sea su personalidad, le recomiendo que se demore en esta piedra un tiempo. No sucumba a la tentación de rozarla levemente y luego saltar rápidamente hacia la siguiente. Las mujeres que ya aman a los demás, o las mujeres que confiesan que preferirían no aprender a amar son las más propensas a avanzar prematuramente.

Acampe en esta piedra todo el tiempo que sea necesario. Tome todo el tiempo que necesite para asegurarse de que amar a los demás como Cristo la ama se está haciendo parte permanente de su mente y corazón. Amar como ama Jesús es uno de los principios más básicos para alcanzar el propósito. Es crucial para cualquier otro propósito de la vida que Dios tenga en mente para usted.

Piense en ello por un momento. ¿Puede imaginarse que Dios quisiera que sirva a los demás sin amor? ¿Cómo podría Jesús querer que usted anuncie el evangelio sin amor? ¿Cómo es posible crecer espiritualmente y llegar a ser más como nuestro amante Salvador sin crecer nosotros también en el amor? No apure algo bueno. Aprender a amar a los demás vale cualquier inversión que sea necesaria.

Me da un poco de vergüenza admitirlo, pero estuve posada sobre esta piedra durante seis largos años. Durante ese tiempo oraba para convertirme en «alguien que amara a los demás». Día tras día oraba: «Señor, ayúdame a que me agrade la gente». Y día tras día esperaba; pero nada ocurría. Año tras año nada ocurría. Como pronto descubrirá usted, estaba confundida acerca del verdadero significado del amor a los demás. La buena noticia es que Dios no me dejó allí. Aún sigue respondiendo a mi oración de enamorarme locamente de todo tipo de gente.

La lección que nunca dejamos de aprender

Antes de analizar cómo crecemos en el amor, debemos definir qué es el amor de Cristo. ¿Cómo amó Jesús? ¿Cómo podemos imitar su amor? ¿Cuál es el amor que debemos compartir libremente? ¿Tiene que ver con una relación de corazón a corazón con las personas para disfrutar de su compañía? ¿Es como una cálida camaradería? ¿Son risas, buenos ratos y diversión?

Aunque disfrutamos de estas experiencias compensativas de las relaciones afectuosas, el beneficio emocional de la amistad y el amor no son el foco ni la esencia del amor como el de Cristo. Jesús resumió la esencia del amor cuando dijo: «Así como el Padre me ha amado a mí, también yo los he amado a ustedes. . . Y éste es mi mandamiento: que se amen los unos a los otros, como yo los he amado. Nadie tiene amor más grande que el dar la vida por sus amigos».[1] Y Jesús hizo exactamente eso. Dio su vida por nosotros. Dio todo lo que era, todo lo que tenía, para hacer solo una cosa: abrir el camino para que pudiéramos estar eternamente con Dios. El amor es, entonces, dar todo de nosotros, invertir de nosotros mismos para el bienestar diario y eterno de los demás. Es un inmenso llamamiento. ¿Se pregunta si tiene la voluntad de hacerlo, y si está dispuesta a asumir el reto?

No debemos olvidar nunca que convertirnos en una mujer que ama a los demás como Jesucristo nos ama no es meramente una amable sugerencia; es un mandato bíblico. En Juan 13:34-35, el pasaje al comienzo de este capítulo, Jesús nos dio lo que llamó un nuevo *mandamiento*. Él dice que nuestro amor es un mensaje poderoso al mundo que nos rodea. Nuestro amor hacia los demás da evidencia del amor de Dios, y el amor es la prueba de nuestro compromiso con Cristo.

Amar a los demás siempre será un paso de crecimiento. No importa cuán buenas o afectuosas ya sean nuestras relaciones, el amor ejemplar de Cristo siempre nos puede enseñar más. Como mujeres discípulas de Cristo que decimos ser, es nuestro llamamiento y privilegio crecer en comprensión del amor supremo e incondicional de Jesús. Es tanto un desafío como un honor esforzarse a cumplir esa meta en cada relación y en cada circunstancia.

> *Al mirar su vida en retrospectiva, hallará que los momentos en que realmente ha vivido son aquellos en los que ha hecho las cosas en el espíritu de amor.*
>
> HENRY DRUMMOND, EVANGELISTA DEL SIGLO DIECINUEVE

Cuando nos concentramos en amar como ama Jesucristo, se pone en marcha un ciclo sorprendente. Primero, crece nuestro amor por él. Un mayor amor hacia el Señor nos lleva a adorar, lo cual profundiza más nuestra relación con él. Luego, cuando establecemos buenas y cálidas relaciones con los demás, nuestra vida se convierte en un puente hacia Jesús para quienes amamos. A cambio, nuestras relaciones con los demás se convierten en un apoyo para nosotras en tiempos de desaliento y una alegría en tiempos de celebración. ¿Se da cuenta de que el amor incita cada propósito ordenado por Dios y nos impulsa hacia el siguiente? ¡El amor es el ingrediente esencial!

Tengo que contarle acerca de otro beneficio extra en el paso de amar como ama Jesucristo. Es la cura para una dolencia que muchas mujeres tenemos, algo que una amiga mía denomina *enfermedad del destino*. Esta gran frase describe el estar más preocupada en llegar al destino que disfrutar del viaje. Al aprender a amar gozamos de la compañía de los demás y disfrutamos del compañerismo a lo largo del camino.

¿Cómo comenzamos a crecer en amor? Comenzamos con la comprensión de quiénes somos. De modo que, antes de avanzar un poco más, demos una mirada profunda a nuestro corazón y examinemos nuestra capacidad de amar a los demás. ¿Alguna vez suele murmurar, diciendo: *Salgan de mi camino o los atropello*? Quizá haya pensado alguna vez: *Voy a aguantar a esta persona con tal de obtener lo que quiero*. O tal vez un buen día, siente que aunque muchas personas son raras, la mayoría de las veces vale la pena la inversión una vez que las llega a conocer. Si estos sentimientos y pensamiento se asemejan a los suyos, ¡Dios puede estar queriendo hacerle un trasplante de corazón! Mi consejo es: ¡Acéptelo!

Dos candidatos improbables para el amor

Espero que no se haya ofendido cuando le aconsejé aceptar un trasplante de corazón divino. Sé exactamente cuán necesario puede ser un trasplante porque yo misma necesité uno. Amar a los demás no fue fácil para mí ni para mi vecina, Margie. Yo tenía un grave problema de perfeccionismo al tratar de manejar mi hogar. Margie se valía de los compañeros de trabajo para alcanzar sus proyectos. Permítame primero contarle acerca de Margie.

Margie asistía semanalmente a la iglesia y trabajaba como administradora para una corporación. Su lema en su trabajo era: «Enfócate en algo. Cumple tu deber. Ponlo en marcha». Era un comité brusco y orientado a tareas unipersonales, sin tiempo para los mecanismos lentos de las relaciones y la sabiduría colectiva. Y su exigente jefe siempre aplaudía sus esfuerzos diciendo: «Eres una persona sensata, una mujer de gran empuje, una empleada valiosa para nuestra compañía». Mientras Margie lograba realizar las cosas y recibía afirmaciones como esas, no tenía necesidad de las personas.

Luego tuvo otro jefe. Después de observar a Margie y de escuchar las quejas de sus colegas y subordinados durante algún tiempo, le señaló su mal trabajo en equipo. Su informe rebajó drásticamente su pago por méritos y su bonificación anual. Estupefacta, comenzó a preguntarse acerca de su estilo administrativo. Su paradigma: «La gente sirve para lo que puedas obtener de ellos» ya no daba resultado. Las piezas de acero del dominó de su superioridad comenzaron a derrumbarse, y no sabía qué hacer. ¿Cómo haría para cambiar?

Motivada por su seguridad en el trabajo y por el dinero, Margie empezó a considerar otras opciones. Comenzó con una simple oración pidiendo que Dios la ayudara. Luego comenzó a pensar en qué tipo de persona debía ser para convertirse en una trabajadora en equipo. Mientras hacía eso, se dio cuenta de que un trabajador en equipo es una persona capaz de deleitarse en la aventura junto a los demás. Esa idea le daba vueltas por la cabeza, pero no estaba segura de cómo implementarla. No lograba armar el rompecabezas; parecía que le faltaban ciertas piezas.

Pero Dios estaba obrando. Luego Margie escuchó un sermón que enseñaba que nosotros amamos porque Jesús nos amó primero.[2] De pronto, comprendió la verdadera razón por la que había sido llamada a amar. ¡Su vida debía reflejar el amor de Jesús hacia los demás y con esto atraerlos hacia su amor! Ese día, lloró amargamente durante varias horas después del culto en la iglesia. Se dio cuenta de que, en verdad, quería ser una persona que atrajera a otros hacia la aventura del amor divino.

Con su nuevo propósito de amar a los demás y un cambio inmediato de corazón, Margie abrió su corazón al misericordioso amor de Cristo, y lo pudo experimentar como nunca antes. De esa sobreabundancia, intentó algo que nunca había hecho antes. Durante los siguientes meses, se concentró en invertir en la vida de las personas que la rodeaban.

Cuando Margie comenzó a tratar a las personas de una manera más afectuosa, se sorprendió al descubrir que realmente le agradaban algunas de ellas. Incluso, se apegó emocionalmente a varias de ellas. Comenzaron a importarle los diseñadores gráficos, los escritores y los miembros del equipo de filmación como seres humanos con almas eternas. Empezó a encontrarle gusto a las entrevistas con los postulantes y a recibir a nuevos miembros al equipo. Por primera vez en su vida, Margie empezó a ver los proyectos como una forma de desarrollar amistades y sistemas de apoyo entre las personas, en vez de ver a las personas como una forma de alcanzar proyectos.

Durante este complejo paso de su vida, algo curioso le ocurrió a Margie. Dios empezó a usar a personas en su vida, de una manera tan poderosa, que ella ahora dice que no puede vivir sin las tiernas bendiciones de las amistades. Ahora, espera con ansias conocer a uno de los nuevos compañeros de golf de su esposo o a alguna mujer en el gimnasio. Y no pudo más que sonreír radiantemente, cuando en una oportunidad un colega le dijo: «Margie, Dios nunca ha hecho una mejor amiga que tú».

Mi desafío con respecto al amor fue un poco distinto. Yo había estado sobre esta piedra durante años, de modo que sabía que Dios quería que amara a la gente. Yo quería amar a la gente, pero no era fácil cuando esa gente vivía en mi casa (¡y no me refiero a mis hijos!). Permítame explicarle.

Amar es recibir una vislumbre del cielo.
KAREN SUNDE,
DRAMATURGA

Yo era una madre sola de dos niños, cuyo padre había muerto, y había perdido mi trabajo. Pagaba la hipoteca de la casa trabajando en mi casa para una nueva compañía de confección de ropa de invierno, y daba alojamiento para tres estudiantes internacionales. Es en ese aspecto que tuve problemas con el amor: no era fácil para mí amar a esos estudiantes como Jesús me ama.

No es muy difícil comprender mi trauma. Yo soy una clásica y cautelosa persona introvertida, que necesita más tiempo que las personas con otra personalidad para alimentar relaciones fuera de mi círculo familiar y de mis buenas amistades. También era una perfeccionista que consideraba que el control de mis emociones significaba que estaba bien educada en el arte del amor firme. Además, en ese tiempo vivía bajo mucho estrés. De modo que insistía en tener una casa impecable, y esperaba que los demás cumplieran atentamente todas mis instrucciones. Esa situación dejaba poco lugar para amar como ama Jesús.

No me gusta admitirlo, pero manejaba mi hogar como si fuera un regimiento militar, y mi apodo era *Capitán*, como el capitán von Trapp en «La novicia rebelde». No obstante, la diferencia era que mis reglas hacían palidecer a las del capitán von Trapp. No tenía un silbato como el de von Trapp, pero mi voz era chillona, y no tenía escrúpulos en la imposición de cada regla.

Déjeme citar algunas de esas reglas. Cada residente de la casa, incluso mis dos hijos, tenía su propio juego de tazas, platos y cubiertos de cierto color con sus respectivos nombres. Esta era una regla absoluta: Si quieres comer con la familia, asegúrate de que tus platos estén lavados.

Otras reglas similares eran:

- Si no cierras la tapa de la taza del baño, tendrás que limpiar el cuarto de baño.
- Si no lavas tu propia ropa, no tendrás ropa interior limpia.
- Si no preparas tu merienda para llevar a la escuela, no tendrás nada que comer allí.
- Si no pones tus zapatos en el armario correspondiente, no los encontrarás en ninguna parte.
- Si no programas el reloj despertador, llegarás tarde a la escuela sin ninguna nota de excusa de mi parte.

> *No me siento realizada cerrando la tapa de la taza del baño todo el día.*
> Erma Bombeck

Al leer estas reglas quizá piense: *¡Inscríbanme para la siguiente clase de cómo criar a los hijos!* Pero antes de poner su firma, eche una mirada más de cerca a mi corazón. Aunque mis reglas ciertamente eran eficaces, tenía gran necesidad de cambiar mi forma mordaz de proceder. No comprendía la diferencia entre mostrar amorosamente las consecuencias de un comportamiento inapropiado, y un proceder mordaz con los niños y adolescentes. Afortunadamente, Dios no permitió que me quedara allí. Me enseñó una lección acerca del amor, permitiéndome ser amada precisamente por las personas a las que no había expresado amor.

Verá, me enfermé con una grave neumonía que me tuvo en la cama durante una semana. Mientras dependía de la amabilidad de mis hijos y de los tres estudiantes con quienes compartía mi hogar, finalmente me di cuenta de que ya no deseaba ser una persona tan contundente. Quería tener reglamentos y orden, pero no a expensas del amor. Nunca fue la intención de Dios que yo fuera despiadadamente dura con los demás. Él quería que yo, a través de su amor y su gracia, ayudara a los muchachos a madurar, no a sobreponerme a ellos.

Aunque yo era consciente del problema, y había orado durante años para poder cambiar, ahora clamaba desesperada para poder mejorar mi vida. Quería expresar el amor de Cristo en mi vida. Mis oraciones comenzaron a ser contestadas. Me aferré a la promesa de Dios: «Les daré un nuevo corazón, y les infundiré un espíritu nuevo; les quitaré ese corazón de piedra que ahora tienen, y les pondré un corazón de carne».[3]

> *Busquen la paz con todos, y la santidad, sin la cual nadie verá al Señor. Asegúrense de que nadie deje de alcanzar la gracia de Dios; de que ninguna raíz amarga brote y cause dificultades y corrompa a muchos.*
> (HEBREOS 12:14-15)

Mi rudeza en casa comenzó a suavizarse. Mi mentalidad de sargento y de entrenadora militar comenzó a mermar hasta ser reemplazada por el amor. Al ir dejando atrás mi utopía inalcanzable y entrar al mundo de los que se ríen de sus errores, experimenté una libertad que no esperaba. Unirme a la categoría de la gente imperfecta fue un precioso premio en este paso de mi vida. Seguía siendo una mujer a la que le agradaba el orden en su casa, pero mi transformación fue un milagro del que estaré eternamente agradecida.

Cuando Dios me llevó a un nivel más profundo de comprensión, se me ocurrió que, tal vez, él había estado esperando que cumpliera mi propósito específico de amar a los demás como él me había amado. Me di cuenta de que mis estudiantes inquilinos no conocían a Jesús, y que yo podía ser la única representante de Cristo, a quien jamás llegarían a conocer personalmente. Se me ocurrió que parte del propósito de mi vida era ser un ejemplo del amor de Dios para las personas que él quería redimir. Si así era, mi principal preocupación tenía que ser convertirme en una cristiana que ellos respetaran. Lamento no haberme dado cuenta de esto antes que dos de ellos se mudaran.

Más o menos al mismo tiempo, Dios me guió a concurrir a un estudio bíblico de mujeres, y me hizo sentar junto a la agraciada Chaundel Holladay que, con su amor incondicional hacia mí, cambió para siempre mi vida. Cuando recién la conocí, no tenía ni idea de que Dios la usaría para ser un ejemplo del propósito de mi vida: Amar con el amor de Jesucristo. Chaundel expresó su interés en mi bienestar como persona y como mujer cristiana. Prestaba atención cuando yo le hablaba y me tenía en cuenta. Ella invirtió en mí y me buscó como amiga.

Gracias a las irreemplazables amistades que formé durante ese estudio con Chaundel, con nuestro grupo y con mujeres en grupos de estudio subsiguientes, ahora comprendo mejor el consejo sabio de George Washington Carver. En cierta oportunidad, dijo que hay que ser tierno con los jóvenes, compasivo con los ancianos y tolerante con los débiles, porque en algún momento de nuestra vida, seremos uno de ellos.

> *El don del amor es una educación en sí.*
> ELEANOR ROOSEVELT

Si usted es una persona a la que le agrada la gente, o si es extrovertida, quizá le sea difícil comprender por qué Margie y yo luchamos en abrir nuestro corazón para amar a la gente. Pero no sea petulante acerca de la habilidad que Dios le dio de relacionarse fácilmente con los demás. Más bien, considere como una bendición que este paso fue más sencillo para usted de lo que serán algunos de los otros. Sin importar dónde nos encontremos cuando tomemos este paso, nuestro amor por los demás siempre puede madurar a fin de parecerse más al amor de Jesucristo.

LA GUÍA DEL VIAJERO PARA AMAR A LOS DEMÁS

Si su deseo es crecer en el amor de Cristo, y expresar ese amor mediante sus relaciones con los demás, entonces está preparada para que Dios le revele más acerca de los propósitos para su vida. Haga una pausa para considerar las sugerencias que siguen y para llevarlas a cabo. Le ayudarán a desarrollar sus relaciones y a nutrir su amor.

Ejerza una influencia afectuosa

Durante una semana, anote cualquiera de las cosas que ejerzan una influencia afectuosa en la vida de alguien. Este ejercicio le ayudará a notar que está cumpliendo uno de los propósitos de su vida de procurar amar al pueblo de Dios. Será una confirmación para usted. Si nota que no está ejerciendo una influencia afectuosa. ¡No contrate a un detective para que le ayude a encontrar a quién amar! Comience por buscar las oportunidades cotidianas de amar a los demás.

Involúcrese en la iglesia

Si todavía no lo ha hecho, comience a involucrarse en una iglesia local. Participe en un pequeño grupo de comunión y estudios bíblicos. La profunda y duradera amistad de los hermanos de la iglesia la pueden sorprender y bendecir durante muchos años.

Extienda el perdón

Perdone a alguien hoy. No lo postergue para más adelante. Deje de analizar las ventajas y las desventajas. Sencillamente, ore por el momento exacto y hágalo. Perdone así como Cristo la ha perdonado. Si necesita perdonarse a sí misma, el consejo es el mismo: ¡Sencillamente, hágalo!

Haga una revisión de las oportunidades de relaciones

¿Qué oportunidades tiene ahora para desarrollar hábitos específicos de relaciones, tales como los que siguen?

- Si ha perdido un trabajo, ¿ha considerado participar en un grupo de contactos empresariales?
- Si su esposo falleció hace tiempo atrás, ¿no considera la posibilidad de participar de excursiones, reuniones o citas para entablar nuevas relaciones?
- Si tiene como meta fortalecer su matrimonio, ¿ha programado alguna cita con su esposo para tener una mejor comunicación?
- Si ha sufrido un aborto espontáneo, ¿ha considerado hacerse miembro de algún grupo de apoyo para mujeres que se encuentran en la misma condición?
- Si ha intentado librarse de alguna adicción —así fuera cigarrillos, apuestas, pornografía, sexo, bebidas alcohólicas, drogas o comida—, ¿ha empezado su recuperación con la ayuda de un grupo de apoyo o una clínica?
- Si necesita orientación acerca de sus finanzas, su fe, su familia o su vocación, ¿ha buscado un consejero o tutor cristiano que la pueda aconsejar?
- Si está intentado discernir sus propósitos en la vida, ¿ha leído *Conversaciones con Propósito* de esta serie? ¿Ha escogido una Compañera

de Propósito (una entrenadora) para asimilar la información por medio de conversaciones?

No importa cuáles sean ahora sus necesidades con respecto a las relaciones con los demás, primeramente ore para que Dios supla las necesidades consigo misma. Luego, pregúntele si sería beneficioso invitar a alguien para que la acompañe en el camino. Su iglesia puede tener distintos programas para ayudarla con las relaciones, o quizá quiera iniciar un grupo que supla sus necesidades específicas.[4] También pudiera concentrarse en conocer a nueva gente o fortalecer una amistad existente. Solo recuerde que tanto las amistades establecidas como las nuevas requieren que usted invierta de sí en los demás.

Dígale a Dios que está dispuesta a abrir su corazón de par en par, de arriesgarse en temor y vulnerabilidad para poder crecer en el amor. Él sabe que las relaciones afectuosas están colmadas de lágrimas y risas, y que pueden estimular nuevas actitudes. Pídale que la lleve desde donde se encuentra hoy hasta donde él quiere que esté.

Ore por los poco afectuosos y por los que no se dejan querer

Las relaciones no son siempre hermosas. Algunas son increíblemente desagradables. Uno de los grandes sacrificios del amor es orar por aquellos que son poco afectuosos y que no se dejan querer, hasta por los que nos han causado daño. Le animo a pedir a Dios que le ayude a aprender a hacer esto. Recuerde que el afecto y el placer emocional no son las metas del amor. El amor es dar suprema importancia a las eternas relaciones de Dios con los demás. Pídale a Dios que derrame sus mejores bendiciones sobre la vida de aquellos que no le caen bien o que son difíciles de amar. Pídale que le dé su perspectiva divina.

Algunas mujeres hemos tenido que aprender difíciles lecciones con respecto a los límites, la confianza, el compromiso, el odio, la intolerancia, el abuso o la negligencia. Si ésta ha sido su experiencia, no le reste importancia a los peligros emocionales, físicos o espirituales de estos problemas. Le recomiendo buscar una inmediata ayuda profesional para prevenir cualquier efecto perjudicial prolongado.

Libros recomendados sobre el amor hacia los demás

Límites, por Henry Cloud y John Townsend[5]

As Iron Sharpens Iron [Así como el hierro se afila con el hierro], por Howard y William Hendricks[6]

ES HORA DE AMAR A LOS DEMÁS

¿Tomará este siguiente paso hacia el propósito de Dios en su vida: *amar a los demás como Cristo la ama*? ¿Ha abierto su corazón en un mayor amor por Cristo amando a toda clase de personas? ¿Está buscando a diario nuevas oportunidades de amar?

La Biblia dice: «Si hablo en lenguas humanas y angelicales, pero no tengo amor, no soy más que un metal que resuena o un platillo que hace ruido».[7] Este versículo usa un fuerte lenguaje para comunicar la voluntad de Dios para su vida. ¿Quiere ser una mujer de propósito que desarrolla sanas relaciones? Entonces, comprométase hoy a dar un paso decisivo.

Que Dios la envuelva con sus tiernos brazos mientras atraviesa este importante tiempo en las relaciones, y discierne más acerca de los propósitos para su vida. Que pueda recibir toda buena bendición del inmenso amor de nuestro Señor Jesucristo. Que pueda tener verdadera conciencia del valor de este paso —amar a los demás como Cristo la ama —, desde ahora y para siempre.

SABIDURÍA DE DIOS PARA EL CAMINO

EL PASO DE VIDA DE «RUT»: AMARNOS UNOS A OTROS COMO CRISTO NOS AMA

Para aprender una lección de la vida de Rut, la afectuosa nuera de Noemí, lea Rut 1-4. Rut nos enseña acerca del amor, la lealtad, la bondad y la fidelidad. ¿Cuán fuerte es su amor por su familia y por sus familiares? ¿Por *todos* ellos? Ore que Dios le revele una relación en particular en la que él quisiera que usted invierta amor, tiempo, fuerzas y recursos.

Preguntas personales para el camino

1. ¿Cuán exitosamente ha cumplido últimamente el mandamiento de «amarnos los unos a los otros»?

2. ¿Con quiénes tiene buenas relaciones al presente? Esta lista de grupos puede ayudarla a pensar en nombres específicos:

- Iglesia
- Amigos del ministerio cristiano
- Familiares lejanos
- Clubes/organizaciones
- Voluntarios de la comunidad
- Familiares cercanos
- Gimnasio
- Pequeño grupo
- Vecinos
- Padres de los amigos de sus hijos
- Escuela
- Deportes
- Grupos de apoyo
- Trabajo
- Otros

3. ¿Con quiénes tiene relaciones malsanas al presente? (Pista: Piense en las personas cuya compañía la aleja de Dios o la estimula a pecar).

4. Ore para poder tener buenas relaciones. ¿Es importante para su bienestar espiritual que cultive cierta amistad o que se aleje de alguna otra? ¿Qué le impulsa Dios a hacer respecto de una o más de sus amistades?

NOTAS

1. (p. 60) Juan 15:9a, 12-13.
2. (p. 62) Vea 1 Juan 4:19.
3. (p. 65) Ezequiel 36:26.
4. (p. 68) Visite la página Web de la Iglesia de Saddleback en www.saddleback.com para conocer acerca de nuestros programas basados en las relaciones.
5. (p. 68) Henry Cloud y John Townsend, Límites, Zondervan, Grand Rapids: 1992.
6. (p. 68) Howard y William Hendricks, *As Iron Sharpens Iron* [Así como el hierro se afila con el hierro], (Moody Press, Chicago: 1995).

Tercera parte

Siga las *pisadas* de Jesús

El propósito de Dios de *Discipulado* para usted:
Conocer a Cristo y ser como él

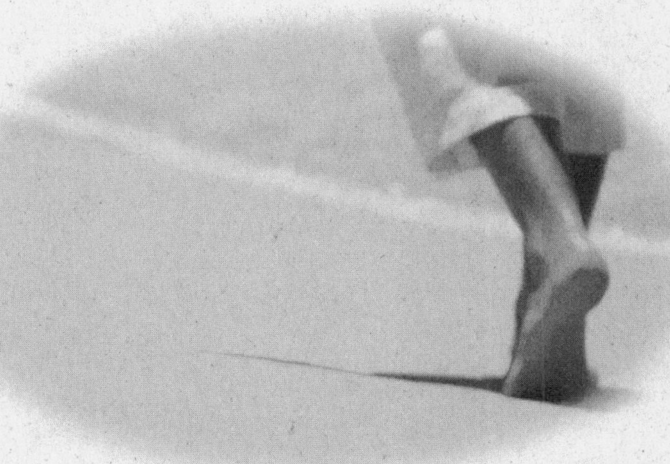

Capítulo 5

Busque la paz

Busca la paz, y síguela.
(SALMO 34:14 RVR)

Deténgase un momento y dé una mirada atrás para ver el progreso que ha hecho en el camino hacia el propósito. Al menos ha comenzado el paso difícil de *olvidar lo que queda atrás y esforzarse por alcanzar lo que está delante*; de modo que su equipaje es más liviano, porque ya no carga con todo el peso del pasado. Usted se ha dado cuenta de que su propósito más obvio está delante de sus ojos, en la lista de las cosas por hacer hoy. Ahora sabe que *hacer hoy lo que Dios le envió hacer al mundo,* no es un tremendo obstáculo, sino en realidad el medio por el cual Dios la está preparando y dirigiendo hacia el gran y único propósito para su vida. También ha descubierto que el desafío de *amar a los demás como Jesús nos ama* es un ingrediente esencial que enciende los demás propósitos ordenados por Dios. Espero que ahora pueda empezar a ver los pasos gigantescos que está dando hacia el propósito definido para su vida. ¡Hasta aquí vamos bien!

Nuestra siguiente piedra, *busque la paz y sígala*, puede muy bien ser la piedra más buscada en todo el arroyo. La paz se puede describir como un estado de la mente en el cual no hay fastidio, distracción ni preocupación. Es una calma certeza de que se puede confiar en Dios. Le brinda al alma una serenidad y calma innegables que vale mucho más que el oro. Las mujeres quieren la paz, y la anhelan muchísimo. La paz tiene tanta demanda igual que un calzado de marca en una venta de rebajas.

Solo hay un problema: ¡el de la *búsqueda*! Hay rumores de que esta piedra de tan alto precio está levemente sumergida bajo la superficie del agua, de modo que usted puede hundirse hasta los tobillos antes de poder localizarla y pararse firmemente sobre ella. Pero siga mi consejo y sea fiel al deseo de su corazón de obtener la paz. No vacile ni por un segundo en sumergir su pie en el arroyo. La paz interior no solo suena atractiva, vale la pena perseguirla, especialmente, si se ha sentido angustiada, infeliz o insatisfecha con la vida.

Me imagino que debí haber estado dormida en la iglesia cuando era una niña, porque nunca le di mucha importancia al Salmo 34:14, de *buscar la paz y seguirla*. Definitivamente, no pensaba que ese bello pasaje era un mandamiento de Dios. Pero el versículo está escrito en voz imperativa. ¿Recuerda lo que aprendió en la escuela? Un imperativo significa una orden. Es decir, que ésta no es solo una recomendación, sino la orden de buscar la paz y seguirla.

Imagínese lo que implica cumplir este imperativo. Debe buscar la paz día tras día, sea fácil o difícil. Debe buscar la paz cuando no se sienta bien, cuando alguien hiera sus sentimientos o, incluso, cuando algún ser querido fallezca. Debe buscar la paz. Amén.

¿Qué hace tan preciosa a la paz?

Primero que todo, la paz es preciosa debido al lugar donde la encontramos. Desesperadamente busqué la paz en el mundo, pero terminé confundida. Desde entonces, he aprendido que encontrar la paz tiene mucho más que ver con estar sentado en la presencia de Jesús, escuchándolo, que hacer cualquier otra cosa. ¡Y qué bendición es!

Cuando tenemos más intimidad con Jesús, aprendemos a reconocer la voz de Dios, lo que nos facilita comprender nuestras asignaciones presentes y futuras. Somos más propensos a aceptar su perspectiva y sus expertos consejos acerca de los asuntos importantes de la vida, tales como temas familiares, decisiones financieras y compromisos, que de otro modo nos distraerían de sus propósitos. ¿Quién sino nuestro Señor nos daría el propósito específico para buscar la paz, para que nuestra búsqueda nos lleve a conocer su voluntad en todas las áreas de la vida? ¡Qué alivio para el estrés!

La paz también es preciosa, porque la obediencia al mandato de Dios de buscar la paz y seguirla nos brinda un auténtico enfoque para hoy. Desearía haber sabido que aprender a estar en paz era en sí un valioso propósito. Me hubiera ahorrado años de lágrimas si hubiera sabido que la paz era una piedra que me llevaría hacia Dios y sus demás propósitos para mi vida. No me había dado cuenta que anhelar la paz era normal; de modo que luchaba por comprender el hambre de paz que sentía, como si tuviera una terrible enfermedad. Si hubiera sabido que encontrar la paz era la meta de Dios para mí, me hubiera sentido bien orientada en medio de mi desconcierto.

Fracaso de paz interior: Por triplicado

No importa cuán importante es la piedra de buscar la paz en el camino hacia el propósito, cuánto la queramos ni cuán fácil Dios haya hecho su búsqueda; para algunas mujeres será difícil encontrarla. Para mí fue difícil, y sé que no soy la única. En cierto momento, dos de mis amigas y yo estábamos tan frustradas en nuestra búsqueda de paz que comenzamos a reunirnos para analizar nuestros pensamientos y animarnos mutuamente en nuestra jornada. Nos reíamos al relatar nuestras experiencias porque habíamos sido un fracaso por triplicado de búsqueda de paz.

Danielle, una amiga de la universidad, se sentía alterada y nerviosa; y para calmar su estado de ansiedad gastaba más de la cuenta y se mantenía ocupada todo el tiempo. Como muchas de sus amigas del moderno mundo agitado, se estaba desilusionando de la insaciable avaricia de su vida frenética. Gritaba: «¡Más! ¡Más rápido! ¡Más grande! ¡Mejor!» Se sentía como un jerbo en una rueda de molino moderna. Corría, pero ¿con qué fin?

A los treinta y cinco años, se sentía miserable. La falta de paz la estaba destruyendo lentamente. Se había cansado de las costosas diversiones, como su reciente paseo en helicóptero a una isla para pasar unas vacaciones de fin de semana, solo para deshacerse del vago sentimiento de haber fracasado en las cosas importantes de la vida. Se daba cuenta de que cualquier satisfacción que estaba buscando no se iba a generar por un vórtice financiero, automóviles veloces u hombres fieles. ¿Cuál era la cura?

Becky vivía del otro lado de la ciudad donde vivía Danielle. Durante años, Becky creía que su catalizador para la paz interna sería identificar el propósito más exclusivo de la vida. Si pudiera entender lo que Dios quería que llevara a cabo antes de morir, encontraría la paz. Pero a los cuarenta y dos años, todos sus intentos de ser premiada con algo espectacular de parte de Dios habían fracasado. Nunca había podido mantener un ministerio después de la emoción del comienzo. No se imaginaba por qué todo quedaba en la nada. Sentía que le estaban robando la oportunidad de dejar un legado.

La frustración de Becky se estaba volviendo intolerable. A pesar de su crianza muy religiosa y las apariencias de una vida piadosa, se sentía como si estuviera viviendo en un letargo, ahogándose en la apatía, angustiada más allá de las lágrimas. Incluso estaba convencida de que tenía un grave problema de salud. De modo que Becky tomó una decisión. Iba a abandonar su infructuosa búsqueda de sentido en la vida. Dejaría sus intentos de encontrar la «única cosa» que pudiera darle un sentido de sagrada ambición y satisfacción. En vez de eso, volcaría su limitada energía en aprender a contentarse a pesar de la decepción y el profundo vacío personal que sentía. Su única pregunta era: «¿Cómo hago esto?»

> *La paz interior es el camino a la paz mundial.*[1]
> MAIREAD CORRIGAN MAGUIRE, PREMIO NOBEL

Para cuando Danielle, Becky y yo comenzamos a reunirnos, yo estaba más adelantada en el camino a la paz; de modo que me pidieron que sea la intrépida líder de nuestro pequeño grupo. «Muchachas —les dije una noche—, creo que debo contarles cosas más específicas de mi inconcluso viaje. A pesar de ser creyente durante casi toda mi vida, no había podido determinar por qué no tenía paz. Me frustraba mi constante estado de perturbación. Estaba cansada de la amarga imagen de ceño fruncido que veía reflejada en mi espejo. En mi desesperación, inicié una búsqueda de serenidad a toda escala. Fue una elección crucial para mí. No me permití la opción de volver atrás».

Antes de despedirnos esa noche, Danielle y Becky quisieron oír todos los escabrosos detalles de mi gran escape. Al principio, no quise desilusionarlas y decirles que había encontrado respuestas, pero que todavía no sabía qué hacer con ellas. Aunque hasta entonces no tenía una postura segura sobre esta piedra, comencé a contarles mi historia.

¡SENCILLAMENTE *TENGO QUE* ENCONTRAR LA PAZ!

Aproximadamente un año después de mi viaje aparentemente infructuoso a la India, decidí programar un retiro espiritual personal en algún lugar—cualquier lugar— del mundo. Consideré eso como mi último recurso en mi esfuerzo para aliviar la asfixia que sentía por la falta de propósito y de paz. Me imaginaba que con la tranquilidad que experimentara allí, iba a comenzar a sentirme mejor. Sencillamente tenía que haber un método comprobado para que la gente sin propósito obtuviera serenidad y calma. No tenía ganas de sumergirme en ningún libro acerca de la serenidad; de modo que un retiro, salpicado con algunos discursos de algunas personas serenas, parecía algo agradable para mí.

Poco después de esa decisión, estuve en la biblioteca haciendo una investigación acerca de mujeres en liderazgo. Mi corazón empezó a latir fuertemente cuando leí acerca de las siete mujeres que habían recibido el Premio Nobel de la Paz. Solamente tres de ellas aún seguían en vida.[2] Para mi agrado, una era la Madre Teresa. Las otras dos eran Mairead Corrigan Maguire y Betty Williams Smith, quienes se habían aliado para hacer un intento de poner fin a la guerra en Irlanda del Norte.

Estuve sentada en la biblioteca, fascinada. Indudablemente, iba a hallar la claridad sobre la paz si me encontraba con todas las mujeres en vida, galardonadas con el Premio Nobel de la Paz. No me importaba que las lecciones de la Madre Teresa todavía no hubieran cuajado en mi mente. Instintivamente, comprendí que tenía que encontrarme con las otras dos mujeres o al menos sus colegas, que me podrían contar acerca de sus líderes. ¡Tenía que seguir este rastro! No tenía ni idea de que Dios me estaba persuadiendo. No sospeché que Dios estaba usando la perfecta carnada —mi pasión por viajar— para dirigirme hacia la comprensión de cómo se vinculan el propósito, la oración y la paz.

Antes de que se apoderara de mí el temor, llamé por teléfono a la oficina de Gente de Paz, un grupo que Mairead, entre otros, había fundado para promover la no violencia. Una mujer alegre, con acento irlandés, contestó: «Soy Mairead Maguire».

¡No podía creerlo! ¿Estaba hablando con ella de verdad? Asiendo fuertemente el teléfono, con mano temblorosa, le expresé mis dudas a la galardonada por el Premio Nobel: «¿Quién. . . quién es usted?» Debo de haber sonado como un búho. Mientras titubeaba con mis palabras, Mairead me invitó al Monasterio Benburb de Irlanda del Norte para la conferencia anual de Gente de Paz. Ella estaría allí para la conferencia, aunque Betty Williams Smith no iba a poder asistir. Acepté, y solicité una invitación para que mi madre me pudiera acompañar.

Cuando conversamos acerca de los arreglos, Mairead sugirió: «¿Por qué usted y su madre no participan del ayuno de tres días por la paz que tendremos durante la conferencia?» Le prometí que lo pensaríamos. Pero la verdad es que mentí para ganar tiempo hasta inventar una excusa para salir con elegancia del apuro. Después de todo, no quería estropear mis vacaciones con un ayuno que no tenía nada que ver conmigo. La última vez que había ayunado no lo había hecho por la paz; era para que me entrara un pequeño vestido negro.

Cuando pregunté a mi madre si le gustaría ir a Belfast conmigo, me contestó:

—No gracias, no quiero ir. Es demasiado peligroso.

Me sentí indignada. ¿Cómo podía abandonarme mi compañera de viaje?

—¡Vas a ir! —le dije—. Me lo debes porque te llevé a Calcuta. Te conseguí una invitación de una galardonada con el Premio Nobel. Será divertido. ¡Vamos!

Continuamos por un rato nuestra versión especializada de discusión, y al final salí ganando.

—Necesiiitooo que vayas conmigo —lloriqueé.

¿Qué madre puede resistir ese jalón en las cuerdas de su corazón de una hija que ha estado triste durante mucho tiempo? Aceptó ir conmigo.

Después de que mis hijos me dieran los abrazos finales y me hicieran recordar que les trajera muchas cosas que estaban de moda, se fueron a pasar sus propias vacaciones veraniegas. Mi madre y yo cargamos las maletas otra vez y nos dirigimos al aeropuerto. Mi padre hizo de chofer, lo que en broma decía que era «el llamado de su vida»: dejarnos en el aeropuerto y luego quedarse en casa para interceder por nosotras en oración.

Esta vez yo estaba convencida de que encontraría las respuestas acerca de la paz y el propósito de la vida que tanto deseaba. Todavía no me imaginaba que mi búsqueda al otro lado del mar era obra de Dios, ni tampoco sospechaba que el propósito y la paz eran hilos entretejidos en su tapicería para mi vida.

Durante varios días después de nuestra llegada a Irlanda del Norte, mi madre y yo admiramos el verdor exuberante del campo. Nos reímos de nuestra primera experiencia en el sencillo alojamiento conocido como «cama-y-desayuno» que Mairead había reservado muy amablemente. Luego, llegó el gran día. Debíamos hospedarnos en un viejo monasterio, dormir en camas duras y angostas, y encontrarnos con *personas santas* que nos enseñarían cómo vivir en paz los unos con los otros. Mi madre hizo una mueca y me dijo: «¡Hazme recordar por qué te dejé convencerme para hacer esto!»

Apenas habíamos estado en la conferencia una hora, cuando nos dimos cuenta de que los participantes ya habían cumplido treinta y siete días del ayuno de cuarenta días por la paz, en el que solamente tomaban agua. (Algunos de los «menos santos» habían comido pan los miércoles y los viernes.) Quedé muy asombrada por la contradicción entre mi estilo de vida y la negación de sí misma de la Gente de Paz. Asombrada, sí. Convencida de participar del ayuno, no.

> *El fruto de la justicia se siembra en paz para los que hacen la paz.*
> SANTIAGO 3:18

Mientras estuve en Irlanda del Norte, pude ver por qué estaban dedicados a un ayuno tan sacrificado. Imploraban a Dios por la paz de su amado país. En solo algunos días había sido testigo de automóviles blindados y militares con metralletas que pasaban por las calles. Inocentemente, me había metido en medio de un enfrentamiento en un parque de la ciudad entre católicos y protestantes, vestidos con faldas escocesas verdes y anaranjadas. Al principio pensé que era un desfile. Cuando caí en cuenta de la realidad, salí del parque lo más rápido que pude.

Durante mi visita, llegué a obtener una mayor comprensión de mi búsqueda personal de la paz. Dios unió las piezas del peligro al que había estado expuesta, las imágenes de mi visita hasta ese momento y las palabras de Mairead: «La paz interior es el camino a la paz mundial». Sus palabras penetraron en mi corazón y, en un instante, vi lo que nunca antes había visto. Mi búsqueda no se trataba únicamente de mí. Mi búsqueda y el resultado trascendían a una esfera mucho más grande. Pude ver que cada persona necesita ser parte de la solución mundial, no parte del problema. Finalmente, comprendí el *por qué* global, pero me faltaba el *cómo* personal.

Una noche Mairead me invitó a conversar un rato, y me permitió grabar nuestra conversación. Nos sacamos los zapatos y nos sentamos en su cama. Ella me dijo: «Kate, has cruzado el mar para encontrarte con una líder famosa, con el fin de preguntarle cómo desarrollar paz y tranquilidad en tu interior. Pensaste que debido a que yo había sido tan afortunada de hablar con el Papa y la Madre Teresa, con presidentes y reinas, seguramente tendría la respuesta y te podría ayudar en tu misión.

»Pero estás asombrada de haberte encontrado con una dama normal, que cree que la clave de la paz interior mundial es compartir de nosotras mismas y también nuestras posesiones con los menos afortunados. Te sorprende ver que soy igual a otras personas: zurzo, cocino, hago la limpieza, tengo platos en el fregadero, soy voluntaria de Gente de Paz, intento ser una buena esposa para Jackie, hago un poco de gimnasia, oro durante todo el día y, entre las conferencias de paz, regaño a mis cinco hijos.

»Para mí, tú debes tener en claro dos cosas para poder encontrar la paz interior. Primeramente, sé una buena madre para tus hijos. En segundo lugar, presta atención a Dios, tal vez varias horas al día, mientras haces tu trabajo. Pronto serás capaz de escucharlo a él más que a tu propia voz».

Esta no era la respuesta sofisticada que esperaba recibir, pensé para mis adentros. Había gastado muchísimo dinero en un viaje de miles de kilómetros para anotar unos puntos más en mi «lista de cosas serenas para hacer». ¡Para eso había invertido!

Yo estaba buscando una respuesta rápida. Esperaba que Mairead me dijera que las galardonadas con el Premio Nobel de la Paz encuentran tranquilidad tomando unas vacaciones de vez en cuando para llevar a cabo piadosas reflexiones. Pensé que me iba a decir que se puede encontrar la paz suscribiéndose a clubes de libros religiosos, tocando solamente música cristiana en la radio, o tirando a la basura los aparatos de televisión para mantenerse en pureza mental. Yo quería algo para hacer o lograr, sin darme cuenta que *hacer* es lo opuesto a *ser*.

Mairead percibió que era difícil para mí aceptar su sencillo consejo. De modo que al día siguiente, me llamó y dulcemente me aconsejó que me relajara, que descanse mi cerebro, que disfrute de la vida, que sonría, que sea una buena persona y que trate a los demás con profundo respeto. Me dijo: «Ora y escucha con atención a Dios todo el día. Sé fiel a Dios. Dile que eres un instrumento en sus manos. Si él quiere que hagas algo, te lo hará saber. Puede ser que quiera que laves los platos en alguna casa misionera; tu trabajo es sencillamente esperar sus instrucciones. Sé buena y afectuosa con la gente, especialmente con tu familia y con las personas más cercanas a ti, y encontrarás paz». Luego, hizo una inscripción en un libro: «Ora, ora y ora: ¡Todo el día»

Entonces, mi madre y yo regresamos a casa. Teniendo en cuenta la amabilidad de Mairead hacia nosotras, inmediatamente empecé a sentirme mal por varios motivos. Uno de los motivos era que mi madre y yo habíamos hecho todo lo posible por aparentar que ayunábamos. Los demás no sabían que teníamos chocolates escondidos en nuestras mochilas. No sabían que cuando se nos acabaron los chocolates, hurgamos en la cocina del monasterio a la medianoche. Como pequeños hámsteres, nos habíamos llenado la boca con coliflor y papas cocidas. Yo había ido a Irlanda del Norte para convertirme en santa; pero me había convertido en una mentirosa y ladrona.

Al regresar a casa no tenía más paz que al comenzar el viaje. El consejo de Mairead, que la oración conduce a la paz, todavía no había penetrado en mi ser. Empecé a sentirme culpable de que una segunda galardonada con el Nobel de la Paz elocuentemente había dicho lo que yo tenía necesidad de escuchar; pero no estaba madura espiritualmente para comprenderlo ni llevarlo a cabo. No estaba preparada para asimilarlo.

La búsqueda de la paz: Segunda vuelta

Me preocupaba que Danielle y Becky se frustraran conmigo por no tener la capacidad de encontrar las respuestas que necesitábamos. Esperaba que el relato de los detalles de mi búsqueda por la paz al menos nos diera algo en qué pensar y de qué hablar. Así fue. La próxima vez que nos encontramos, comenzamos a dialogar aun antes de sentarnos.

«He estado pensando en lo que nos has contado» —, dijo Becky—; y por lo que has dicho: la oración conduce a la paz que, a su vez, probablemente nos permita oír a Dios hablarnos de nuestros propósitos en la vida. De modo que todo lo que tenemos que hacer mientras esperamos el gran propósito de la vida es no hacer nada, excepto orar y escuchar la voz de Dios.

«Eso es precisamente lo que dice este versículo» —agregó Danielle—. «Quédense quietos, reconozcan que yo soy Dios».[3]

«Creo que esa es la clave», contesté.

Luego hice un resumen de lo que recientemente les había escuchado a otros decir acerca del tema. Les expliqué que Dios puede darle un propósito a cualquier persona que él escoja, y en cualquier momento, así sea tranquila o no; pero que escucharlo es un inmenso regalo que nos hacemos a nosotras mismas. Les dije que crecemos y aprendemos al pasar tiempo con él porque nos sintonizamos más con su manera de ser y su carácter. A la vez, empezamos a enamorarnos más de Dios, lo que nos hace querer ser más obedientes a su voluntad. Entonces, cuando menos lo esperamos, nos damos cuenta que nos hemos vuelto más receptivas a sus impresiones respecto de nuestro propósito en la vida. Cuando empezamos a comprender el siguiente paso, no nos parece tan necesario tener todas las respuestas de largo alcance. Paso a paso aumenta nuestra fe, y aprendemos a confiar en que Dios tiene un plan para nuestra vida.

«Creo que es así como funciona », dije. Luego agregué que pensaba que era mejor equilibrar el extremo de «no hacer nada» con la perspectiva de la *Lista de verificación de paz interior* (que sigue). Les dije que me había dado cuenta de que estaba progresando cuando pude responder que sí a algunas de las preguntas de la lista.

LISTA DE VERIFICACIÓN DE PAZ INTERIOR

Mientras busca la paz en su vida:

- ¿Disfruta de la comunión con Dios al cumplir los quehaceres domésticos como lavar la ropa o los platos?
- ¿Ansía pasar más tiempo con el Espíritu Santo?
- Al leer y meditar en las verdades bíblicas, ¿siente paz respecto a las decisiones difíciles que debe tomar?
- ¿Ve el valor de escribir en un diario espiritual sus adelantos espirituales, sus conversaciones con Dios y las preguntas para él?

- ¿Reconoce que Dios está obrando a favor suyo, incluso cuando siente ansiedad e inquietud?
- ¿Se ríe de la canción «A mi manera»?
- ¿Está enseñando a sus hijos y a los demás a escuchar la voz de Dios, sintiendo su pequeñez al ver los resultados transformadores?

Cómo encontrar la paz día a día

Hace años, cuando dejé de reunirme con Danielle y Becky, sentía que todavía no tenía la paz que quería, y no me hubiera imaginado que ya estaba en camino. Sin que me diera cuenta, Dios había hecho crecer las semillas de serenidad que Mairead, con mucha ternura, había sembrado en mi corazón. Dios me estaba llevando más cerca de él, y estaba llamando a otras personas que, con sus palabras y su ejemplo, diligentemente regaban en mi vida esas ideas.

Por ejemplo, durante muchos de los años en los que había buscado la paz interior, a menudo escuchaba con atención a un joven pastor llamado Jeff Walling. Él me animó a establecer un horario específico de lectura bíblica. Me dijo que comenzara con sesiones de tres minutos para ver a dónde me guiaría Dios. Al practicar esa disciplina espiritual, sentí que Jesús me estaba llamando a sus brazos. Descubrí que nada se podía comparar a esos pocos minutos al día que pasaba con Jesús, el hacedor de milagros.

Mucho después, al pasar más tiempo leyendo la Biblia, poco a poco fui comprendiendo muchas cosas. Por ejemplo, me di cuenta de que la depresión, el temor y el perfeccionismo vienen en paquetes, alimentándose todos del mismo cadáver decadente de la desesperación. Una vez que descubrí ese trío mortal de «destructores de la paz», pedí a Dios que convirtiera mi impotencia ante ellos en fortaleza y valentía. En el curso de varios años, Dios tuvo la amabilidad de hacer eso por mí.

Con el tiempo, empecé a sentir que Dios me hablaba en el silencio de mi alma. Un día, durante mi tiempo devocional, vislumbré lo lejos que Dios me había llevado hacia la paz. Con asombro, escribí en mi diario: «Gracias, Jesús, por enseñarme cómo encontrar la paz. Tú fuiste mi ejemplo al apartarte solo a orar y escuchar a tu Padre. Quiero aprender a escuchar a Dios, mi Padre, durante todo el día. Qué gran privilegio es escucharte hablar. Estoy

> *Yo sembré, Apolos regó, pero Dios ha dado el crecimiento.* (1 Corintios 3:6)

muy agradecida por la paz interior que me has concedido. Gracias por escuchar mi oración y por responderme».

¿Y qué de usted? ¿Dónde se colocaría en la Escala Richter de la paz interior?

Totalmente desesperada	**Un poco serena**	**En paz**
Molesta, distraída y ansiosa	Con un poco de calma en el ser	Con una seguridad innegable

No importa cuál sea su punto de partida, la cuestión fundamental en la búsqueda de la paz es la misma: ¿Está su corazón lo suficientemente hambriento como para *buscar* la paz? ¿Dedicará tiempo a estar en quietud en la presencia de Dios y aceptar lo que le ofrezca? Dios está esperando que tome este paso para que pueda abrirle los ojos ante todo lo que tiene preparado para usted.

LA GUÍA DEL VIAJERO PARA BUSCAR LA PAZ

Las siguientes sugerencias le ayudarán en la búsqueda de la paz interior. Dedique todo el tiempo necesario para poner en práctica cada una. Como siempre, ¡resista la tentación de tomar atajos!

Practique el silencio

Cree oportunidades para que Dios le hable practicando el silencio. Haga su parte reduciendo el ruido, los estímulos y la sobrecarga de información. Apague su televisor, su estéreo y su radio en el automóvil. Retírese elegantemente de una conversación bulliciosa. Pase tiempo en una biblioteca o en un museo. Pídale diariamente a Dios que le permita ser una mejor oyente. Pídale que la lleve de donde se encuentra hoy hasta donde él siempre quiso que estuviera.

Para obtener un tiempo más enfocado en el silencio, siéntese en una mecedora de patio con un vaso de refresco y la presencia del Espíritu Santo, pero sin un montón de papeles para leer, y sin preocuparse de que la juzguen por «perder el tiempo». Una advertencia: Esté preparada para que alguien le pregunte qué está haciendo. Esté dispuesta a contestar: «¡Nada!» Cuanto más practique la quietud en su vida, tantas más oportunidades habrán de estar en silencio ante el Señor.

Acabe con el parloteo interminable de la mente

El camino hacia la paz está pavimentado por largos períodos de silencio. A menudo, el sonido más dañino viene del parloteo interior de la mente. ¿Conversa constantemente consigo (en silencio o en alta voz)? Si es así, es hora de acabar con la bulla mental. Deje de torturarse. No tiene que ser su propio público cautivo. Ordénese callar.

Envíe oraciones al cielo todo el día

Acostúmbrese a hablar y escuchar a Dios todo el día, todos los días. Esta semana, envíe al cielo directas oraciones acerca de todo lo que haga. Luego, apacígüese para disfrutar de las respuestas de Dios. Espere respuestas en todos los aspectos del desarrollo de su carácter, en sus roles, en sus relaciones, en sus finanzas, en sus propósitos y en mucho más.

No se sienta culpable si el silencio la hace dormir o tomar una siesta

Si está físicamente cansada o emocionalmente exhausta, puede quedarse dormida mientras trata de escuchar a Dios. No se preocupe. Descansar es bíblico. ¡Dios descansó el séptimo día! A veces es como si orara largas horas; pero otras veces se me cierran los ojos apenas me siento a orar.

Recuerde que el descanso nutre el cuerpo, el alma y la mente. Una siesta durante su hora de oración puede ser una excelente terapia para cualquier cosa que la aqueja. No considero la siesta como un lujo; siempre ha sido necesaria para mi cordura. De modo que tome una siesta si la necesita. ¡Acabo de hacerlo! Y estoy bien acompañada. Churchill, Einstein y los presidentes Kennedy y Reagan también tomaron siestas. De modo que tome una siesta si la necesita. No se sienta culpable por ello. ¡Siga orando cuando se despierte!

Cambie su ritmo intencionalmente

Aprenda a aminorar la marcha. Una cosa provechosa que puede hacer en su búsqueda de paz es hacer un esfuerzo consciente de eliminar, por un tiempo, la *presión del desempeño*. En vez de desempeñarse con rapidez, haga lo opuesto. Considere un pasatiempo que pueda acallar el alma, como la pintura al óleo, la lectura o la pesca. Para una persona ocupada o llevada por la ambición, adoptar hábitos diarios, semanales, mensuales o anuales que, intencionalmente, cambien el ritmo de la vida puede ser una de las sugerencias más difíciles de implementar de este libro. No obstante, disminuir la velocidad aumenta grandemente la paz.

Si debido a ciertas crisis, plazos que debe cumplir o compromisos, de ningún modo puede disminuir la velocidad del tren de su vida, tome pausas frecuentes y cortas. Busque formas creativas de aminorar la marcha. Si quiere, adopte mis diez maneras preferidas de cambiar el paso cuando estoy bajo demasiada presión: dar una caminata, orar, recordar un versículo de las Escrituras, entonar una canción, bailar al son de la música de *Zorba, el griego*, mirar vidrieras por unos minutos mientras hace las compras, escribir una carta de aliento, montar bicicleta alrededor de la cuadra, nadar algunas vueltas o simplemente sentarse en el automóvil y disfrutar de un lavado automático.

Evite los asesinos de la paz

Adapte sus prioridades para mantenerse alejada de los tres seguros asesinos de la paz: Complacer a la gente, estar a la par del vecino y preocuparse por las cosas que están fuera de su control. La próxima vez que haya caído en una de estas trampas, hable con una amiga para que la ayude a no caer de nuevo.

LIBROS RECOMENDADOS ACERCA DE LA PAZ INTERIOR

The Overload Syndrome [El síndrome de la sobrecarga], por Richard Swenson [4]
Ordering Your Private World [Cómo ordenar su vida privada], por Gordon McDonald [5]
Surviving Information Overload [Cómo sobrevivir la sobrecarga de información], por Kevin Miller [6]

ES HORA DE ENCONTRAR LA PAZ INTERIOR

¿Tomará usted este siguiente paso hacia Dios y el propósito para su vida al *buscar la paz y seguirla*? ¿Prestará oído a Dios durante todo el día? La Biblia dice:

> No se inquieten por nada; más bien, en toda ocasión, con oración y

ruego, presenten sus peticiones a Dios y denle gracias. Y la paz de Dios, que sobrepasa todo entendimiento, cuidará sus corazones y sus pensamientos en Cristo Jesús.[7]

¿Está lista para ser la mujer de paz interior que Dios quiere? Entonces, recomiendo que le de prioridad a su vida de oración. Esto le ayudará a encontrar una paz que le permitirá escuchar cuando Dios le hable. Preste atención cuando Dios se revele a sí mismo y le revele el propósito exclusivo que tiene para usted. El deseo de mi corazón es que usted se comprometa a buscar la paz. Marcará una gran diferencia. ¡Hasta puede llegar a cambiar su vida para siempre!

SABIDURÍA DE DIOS PARA EL CAMINO

El paso de vida de «Marta y María»: Buscar la paz.

Para aprender una lección de las dos hermanas, Marta y María, lea Lucas 10:38-42. Para muchas mujeres este es un relato difícil de oír, porque tenemos muchas responsabilidades. Casi todos los días nos parecemos mucho a Marta, y nos olvidamos que Jesús quiere pasar tiempo con nosotras. ¿Impiden sus ocupaciones que pase tiempo con el Señor? Si es así, ¿qué le parece si comienza hoy a buscar su compañía y la *paz en medio de todo*?

Muy a menudo se nos hace sentir que «debemos hacer exactamente lo que hizo María». Lo cierto es que, además de sentarnos —sin interrupciones—diariamente a los pies de nuestro Señor (como María), también tenemos que pedirle a Jesús que nos acompañe en todos los momentos ajetreados de la vida (lo cual Marta estaba demasiado rendida para hacer). Imagine a Jesús esperando que Marta lo invitara a pasar a la cocina para conversar mientras trabajaban juntos.

Preguntas personales para el camino

1. ¿Cuánta atención le presta a Dios durante el día?

2. Escriba cualquier cosa que haga actualmente que le anima a buscar la paz para escuchar a Dios. Considere la siguiente lista:

- Prestar atención constante a la voz de Dios
- Tener un tiempo de estudio bíblico
- Escribir un diario
- Crear tiempos de silencio
- Hacer oraciones directas
- Tener momentos de adoración privada o congregacional (cantos o música instrumental)
- Tener tiempos de oración
- Crear tiempos para reflexionar
- Disminuir la actividad
- Hacer ayunos espirituales
- Otros:____________________

3. ¿Qué ideas de la pregunta 2 quisiera poner en práctica para aumentar su deseo de escuchar?

4. ¿Qué es lo que dificulta que usted escuche a Dios? ¿Qué puede hacer para que no sea tan difícil?

5. Antes de leer este capítulo, ¿comprendía que uno de los propósitos de Dios para su vida es que busque la paz?

6. ¿A qué la está impulsando Dios a hacer para buscar la paz?

NOTAS

1. (p. 76) Conversaciones con la autora en el Monasterio de Benburb, Irlanda del Norte, durante la conferencia de la Gente de Paz, 5-8 agosto, 1988. Usado con permiso.
2. (p. 77) Hubo siete receptoras en ese tiempo. En 2003, once mujeres habían recibido el Premio Nobel de la Paz: la baronesa Bertha von Suttner, Jane Addams, Emily Green Balch, Betty Williams y Mairead Corrigan, la Madre Teresa, Alva Myrdal, Aung San Suu Kyi, Rigoberta Menchú Tum, Jody Williams y Shirin Ebadi.
3. (p. 81) Salmo 46:10.
4. (p. 85) Richard A. Swenson, *The Overload Syndrome* [El síndrome de la sobrecarga], NavPress, Colorado Springs, 1998.
5. (p. 85) Gordon McDonald, *Ordering Your Private World* [Cómo ordenar su vida privada], ed. revisada, Thomas Nelson, Nashville: 2003.
6. (p. 85) Kevin Miller, *Surviving Information Overload* [Cómo sobrevivir la sobrecarga de información], Zondervan, Grand Rapids: 2004.
7. (p. 86) Filipenses 4:6-7.

Capítulo 6

Arrepiéntase de todas sus maldades

Arrepiéntanse y apártense de todas sus maldades, para que el pecado no les acarree la ruina. Arrojen de una vez por todas las maldades que cometieron contra mí, y háganse de un corazón y de un espíritu nuevos.
(EZEQUIEL 18:30–31)

Antes de intentar dar este nuevo paso, quiero que levante la cabeza, se estire, respire profundo y dé un vistazo a su alrededor. Frente a usted, los rayos del sol brillan desde la ribera opuesta, haciendo el camino aun más atractivo que cuando empezó. Y por detrás. . . bueno, ¿tenía idea de cuánto ha avanzado? Quiero que tenga ese estímulo en mente antes de intentar dar el siguiente paso porque es uno de los más difíciles.

La piedra *arrepiéntete y apártate de todas tus maldades* hace titubear a muchas mujeres, casi como si estuvieran recibiendo lecciones de «salsa». (Paso hacia adelante, pie izquierdo. Paso hacia atrás, pie derecho.) Imagine esa vista por un momento. Desde lejos, usted ve a una mujer que con mucho cuidado está cruzando un arroyo, cuando repentinamente parece estar esquivando un enjambre de abejas. Se mece de un lado a otro en confusión, sin ningún tipo de gracia como en el baile. Es obvio que está perdiendo el equilibrio pero usted no puede hacer nada para ayudarla. La única esperanza de esa mujer es componerse, y con calma y cuidado seguir hacia la siguiente piedra bien desgastada.

¿Qué hay en el arrepentimiento que nos hace titubear? Creo que todas sabemos la respuesta. El arrepentimiento requiere que evaluemos sinceramente nuestra vida pecaminosa, y ajustemos nuestras acciones y pensamientos.

Eso nunca es fácil. Requiere confiarle a Dios nuestras faltas y debilidades, perseverar contra la tentación, practicar un estilo de vida de oración y estar dispuestas a hacer rotundos cambios personales.

Aunque este paso es intimidante, ¡No se detenga! Caminaré a su lado mientras vaya avanzando. Yo he dado muchos pasos de «salsa» en las cercanías de este arroyo, de modo que lo conozco bien. He titubeado, me he caído al agua, hasta me he rasguñado las rodillas al caerme, y tengo cicatrices que lo demuestran. A pesar de las lesiones, tengo que decirle que cada intento en el que he tambaleado ha valido la pena.

Dios se complace cuando nos arrepentimos y nos alejamos del pecado. Cuando nos arrepentimos estamos más propensas a oír su voz y centrarnos en los propósitos para los que nacimos. En realidad (no sabía esto hace años), Dios puede ocultar intencionalmente el propósito de nuestra vida debido al pecado.

Me llevó bastante tiempo aprender que la formación de mi carácter (menos pecado, más arrepentimiento y más obediencia) es mucho más importante para Dios que cualquier cosa que pudiera hacer por él. Si hubiera conocido esta información, que pinta un cuadro más completo del plan de Dios para nuestras vidas, creo que en los años que pasaron me hubiera ocupado más en mi crecimiento espiritual. Incluso, hubiera estado más complacida al esforzarme para escuchar nuevamente su voz.

¿Por qué motivo el pecado es algo serio?

Ante los ojos de Dios, el pecado es algo muy serio. De modo que antes de avanzar mucho más, vamos a echar un vistazo de cerca al pecado y sus consecuencias. El pecado es alejarse deliberadamente de Dios; es una violación contra él, que nos separa de su presencia.

Para que no haya confusión sobre lo que quiere decir pecado, la Biblia da muchos ejemplos. En el libro de Efesios se mencionan varios: la sensualidad que permite toda clase de impureza, la lujuria, los deseos engañosos, la falsedad, el enojo, el robo, las conversaciones obscenas, la amargura, la ira, las peleas, la difamación, todo tipo de malicia, la codicia, la obscenidad, las conversaciones necias, los chistes groseros, la idolatría, las obras de la oscuridad, la embriaguez y el libertinaje.[1] ¡Y esta es solo una lista parcial sacada de un solo libro!

«Ahora vete, y no vuelvas a pecar». (Juan 8:11)

El arrepentimiento es remordimiento o contrición sincera por nuestra conducta pecaminosa. Es pesar y pena que nos guía al deseo de cambiar. ¿Captó usted la palabra *cambiar*? El cambio marca toda la diferencia, porque el pecado puede provocar dos clases de penas. La pena *humana* que, con respecto al pecado, a menudo no es más que frustración y orgullo herido porque nos descubrieron. La pena *divina*, por otro lado, la produce el Espíritu Santo de acuerdo a la voluntad de Dios. La pena divina desea mantener la valiosa cercanía de nuestra relación con Dios. Es un anhelo de hacer lo que sea necesario para vivir en santidad.

Cuando nos arrepentimos de verdad, los hechos acompañarán al arrepentimiento. La «nueva» persona da evidencia del arrepentimiento. Esta importantísima verdad es enfatizada en Hechos 26:20, donde Pablo dice: « . . . les prediqué que se arrepintieran y se convirtieran a Dios, y que demostraran su arrepentimiento con sus buenas obras».

¿Se da cuenta por qué el arrepentimiento y el propósito tienen que ir de la mano? Después de que confesamos (o admitimos) nuestro pecado ante Dios y le damos la espalda al pecado, nuestra vida transformada nos vuelve hacia Dios. Cuando nos acercamos más a Dios, podemos escuchar mejor su voz mostrándonos el propósito de nuestra vida, y mientras discernimos nuestro propósito, nos acercamos más a Dios. En cambio, el pecado siempre nos aleja de Dios; de su voz y de sus propósitos.

Al tropezar con el pecado

El pecado es un problema universal que interfiere con el crecimiento saludable de cada persona. Más que nada, interfiere con nuestro deseo de realizar los propósitos de Dios en nuestra vida. Me imagino que usted se identifica con algunos de estos pecados invasores: el egoísmo, los celos, la inseguridad, la terquedad, la codicia, la actitud de juzgar, la rabia, las adicciones y obsesiones, y la satisfacción inmediata. (Si no se identifica con ninguno de estos, espere treinta segundos mientras Dios le desata la memoria y le trae un recuerdo a la mente.)

Esta lista de molestos pecados no es de la Biblia, aunque pudiera serlo. No es el resultado del último estudio nacional de Harvard sobre mujeres con problemas mentales. Es el resultado de mis entrevistas con muchachos adolescentes encarcelados en una prisión de máxima seguridad por asesinato, violación y robos con allanamiento de casa. (Debo explicar que había solicitado entrevistar a mujeres prisioneras para un proyecto de investigación, denominado «Escollos en el plan de Dios para la vida de una persona joven», pero de alguna manera llegué a dar con una cárcel para muchachos. El sexo realmente no importaba; al menos había logrado entrar.)

En sesiones privadas con los internos, controladas por un carcelero fuera de la puerta, pedí a cada muchacho que nombrara los tres peores escollos que enfrentaría si milagrosamente fuera liberado de la cárcel ese día. Les dije que no incluyeran problemas referidos a la familia, a los amigos y a la falta de empleo o dinero. (Quería que los muchachos se concentraran en sus propias características y hábitos, en vez de considerarse víctimas.) Esos rudos muchachos sabían exactamente qué debilidades personales destruirían sus esperanzas de tener una vida decente. Ellos enumeraron todos los escollos (pecados) que usted acaba de leer.

Mi siguiente pregunta fue: «¿Cuáles son las tres sugerencias que darían para superar esos escollos? Dicho de otra manera, con un vocablo más aceptable socialmente, sus respuestas están en la lista de «Principios para una vida mejor».

PRINCIPIOS PARA UNA VIDA MEJOR:
CONSEJOS DE PRISIONEROS JÓVENES

1. Dar un paso por vez. No adelantarse.
2. Identificar las distracciones a tiempo para que se puedan eliminar.
3. Pensar en forma positiva. Evitar las personas e influencias negativas. Mejor aún, buscar personas que sean un ejemplo de vida y tutores que sean de ayuda cuando las cosas se ponen feas.
4. Tomar las cosas con calma. Relajarse. No tomar todo demasiado en serio. Reírse de uno mismo y con los demás. Divertirse en forma más limpia y sana.
5. Dar a las personas mucho más de lo que esperamos recibir de ellas.
6. Orar a Dios por cada una de las decisiones a tomar, para aprender a concentrarnos en el propósito de nuestra vida, en vez de pensar todo el tiempo en nuestros propios deseos. Cuando lo descubramos, dedicarnos inmediatamente a cumplir ese propósito. Esto nos ayudará a no meternos en problemas.
7. Manejar sabiamente el tiempo y el dinero. Buscar ayuda en este aspecto según la necesidad.

8. Recompensarse por un trabajo bien hecho. Felicitarse por cualquier cosa que contribuya para el bien de la familia o la sociedad. Tratarse bien, en palabras y en hechos, tanto en el éxito como en el fracaso.
9. Tener presente los temores al éxito o al fracaso. Enfrentar las preocupaciones; que no cunda el pánico. Seguir adelante a pesar de los temores.
10. Manifestar abiertamente las necesidades, los deseos y las expectativas. La gente no puede leer la mente, pero muchas veces quiere ayudar.

Estos jóvenes tenían soluciones y percepción, cosas aprendidas por la dura vida callejera, un conocimiento más allá de su edad. Seguramente, no habían leído libros sobre los principios para una vida exitosa. Lo habían aprendido de una manera dura, por medio de repetidos fracasos. Ninguno de ellos tenía todas las respuestas, pero cada uno de ellos tenía más de una respuesta.

La diferencia clave que encontré entre esos muchachos tras las rejas y los que no estamos bajo encierro es la obediencia a ciertas reglas básicas de la vida. Nosotros sabemos que tenemos que trabajar con nuestro carácter, y que el desarrollo del carácter es imprescindible para cumplir la voluntad de Dios en nuestra vida. Sin embargo, los que no son apasionados en su búsqueda del plan de Dios, en vez de actuar, lo único que hacen es hablar de los «Principios para una mejor vida». Las mujeres que están buscando su propósito en la vida son las que hacen cambios. Buscan seguir las pautas que harán de ellas mejores instrumentos en las manos de Dios. Se arrepienten y piden a Dios que quite de su vida toda debilidad, traba y pecado. Esta disciplina hace que puedan mantenerse libres de equipaje excesivo, de basura y de excusas por vivir pobremente. Las ayuda a ser libres para vivir una vida mejor.

El arrepentimiento, un paso liberador

El arrepentimiento es uno de los pasos más liberadores que podemos dar en la vida, y trae muchos beneficios. Cuando nos arrepentimos y confesamos nuestros pecados, somos perdonadas y restauradas. El arrepentimiento nos libera de la vergüenza, la culpabilidad, el enojo, la desesperación y la amargura. Nos libra de la esclavitud del pecado y produce el deseo de tener una relación más profunda con Dios. Nos libera para trabajar con Dios, no en su contra, y nos permite recibir lo mejor que Dios ha planeado misericordiosamente para nuestra vida.

El arrepentimiento también nos permite mitigar, lo mejor que podamos, las consecuencias dañinas de nuestros hechos pecaminosos. No importa el tamaño de la lista de las personas que hemos dañado con nuestros pecados, la sanidad de al menos una de nuestras relaciones es un inmenso regalo que ofrece el arrepentimiento. Más aun, cuando al orar reflexionamos en el arrepentimiento y en enmendar las cosas, estamos menos inclinadas a pecar. ¿Por qué? Porque al restaurar nuestra relación con Dios estaremos muy ocupadas enmendando las cosas que hemos dañado, recuperando la confianza destruida, cuidándonos de todo lo que pueda dañar nuestro amor a Dios y buscando la santidad.[2]

Cuando actuamos diligentemente ante el mandato de Dios de arrepentirnos, el centro de nuestra atención se enfoca en el aspecto opuesto de cada pecado. Por ejemplo, en vez de sermonearse por su impaciencia, puede reconocer el progreso que ha tenido en paciencia. En vez de preocuparse por su orgulloso, puede comenzar a practicar la humildad. En vez de odiarse a sí misma por robar, puede decidir ser muy generosa. En vez de sentirse derrotada por sus quejas y sus murmuraciones, puede pensar en bendiciones y estímulo para compartir con otros. En vez de deprimirse por mentir y hacer trampas, puede pedir a Dios que la ayude a vivir con integridad y autenticidad. El arrepentimiento la libera para enfocarse en su progreso espiritual, aunque sea lento, más que en sus fracasos.

¿Qué de su vida? ¿Desea ardientemente liberación de las cosas que le impiden vivir la vida que debiera vivir? Entonces, haga una lista de sus escollos y pecados, presente la lista ante Dios, y esté dispuesta a huir de esas tentaciones en el futuro.

Tratar con los pecados que interfieren con el propósito de su vida

Algo que puede impedir el cumplimiento de nuestro propósito en la vida es el orgullo. No se equivoque acerca de lo que debemos hacer con el orgullo. Dios espera que nos ocupemos de todo tipo de presunción y arrogancia, incluso de la falsa humildad (¡estar orgullosas de nuestra humildad!). En la Biblia hay muchas advertencias contra el pecado del orgullo. «Al orgullo le sigue la destrucción; a la altanería, el fracaso».[3] «El Señor aborrece a los arrogantes. Una cosa es segura: no quedarán impunes».[4] De modo que cuando nos encontremos codiciando atenciones, prestigio o reconocimiento, necesitamos que Dios se encargue de nuestro espíritu orgulloso.

Tuve que aprender a duras esta lección. Me invitaron a dar un testimonio de ocho minutos en nuestra iglesia, y le pedí al Espíritu Santo que lleve a cabo su obra en mí. Pero algunos días más tarde, después de haber recibido los agradecimientos de todos los miembros amables de la congregación, le dije a una amiga: «Disfruté tanto de los cumplidos que temo haber puesto a Dios en segundo lugar. Mi actitud se convirtió en: "¡Yo, yo, yo! Dios, mira cómo monto mi triciclo"».

Ella me respondió: «Tal vez intentaste robarle a Dios algo de su gloria, pero su misericordia es nueva cada mañana. Yo también quisiera crecer lo suficiente para no sentirme orgullosa de lo que Dios hace a través de mí. Tratemos de ayudarnos mutuamente en este aspecto».

Hasta este día, estoy agradecida por esa ayuda. Dios sabía que yo había orado por un corazón limpio y estaba preparada para recibir una lección más disciplinada acerca de quién recibiría la gloria. Poco después de esa conversación, leí el pasaje bíblico poco citado acerca de cómo murió el rey Herodes. Me horrorizó y me reconfirmó que yo quería ser libre del pecado del orgullo:

> El día señalado, Herodes, ataviado con su ropaje real y sentado en su trono, le dirigió un discurso al pueblo. La gente gritaba: «¡Voz de un dios, no de hombre!» Al instante un ángel del Señor lo hirió, porque no le había dado la gloria a Dios; y Herodes murió comido de gusanos.[5]

Más adelante, encontré una historia similar acerca de Uzías, un poderoso rey de Judá. Por causa de su orgullo, Dios lo hirió con lepra, y tuvo que vivir aislado por el resto de su vida.[6] Estos ejemplos me convencieron de que Dios aborrece el orgullo. Solamente puedo imaginar lo horrendo que debe ser ante los ojos de Dios.

Padre, perdóname

> *Si te envuelves completamente en ti mismo, estarás demasiado abrigado.*
> JANE ANN CLARK

Al correr de los años, ha sido muy difícil para mí confesar y arrepentirme de tales pecados como el orgullo, la impaciencia, los insultos, la mentira, la murmuración, la manipulación, el robo, la ira, la avaricia y la bebida excesiva. Ninguno de los desagradables pecados desapareció porque tomé fuerzas y pude rehusarlo por mi propia cuenta. Más bien, en cada situación, fue la gracia de Dios que, vez tras vez, descendió a rescatarme de mi pecaminoso yo.

En algunos casos, Dios me permitió experimentar una consecuencia dolorosa o vergonzosa que me llevó a dejar cierto hábito destructivo. En varios casos, me dio una nueva percepción de mi vida o de la vida de alguna otra persona que quitó mi deseo por cierto pecado.

En otros casos, me hizo un llamado superior, una razón noble que no podía ignorar. Por ejemplo, me llamó a ser madre, me dio un puesto de liderazgo en el ministerio o me guió a un estilo de vida más sano. Y otras veces, sencillamente, ha incrementado mi confianza, obediencia o amor.

Es asombroso ver de cuántas maneras obra Dios una vez que nos arrepentimos y confesamos nuestros pecados. Nos libramos de un mal hábito tras el otro. El arrepentimiento puede convertirse en una expedición de paso tan rápido y cambiante, que una vez que usted se enrola, no recordará cómo llegó del punto «A» al «B» o al «C» si no lleva un detalle escrito de los puntos clave de cambio. Por ejemplo, en mi diario pude encontrar algunos pensamientos, hace mucho tiempo olvidados, acerca de dos de mis pecados: insultar y robar. Permítame explicarle acerca de cada uno.

El deseo de dejar de insultar creció lentamente en mi corazón. Yo le había lanzado varias indirectas a una amiga, diciéndole que me estaba incomodando su manera de «decir palabrotas e insultos como un marinero borracho», pero mis buenas súplicas no tuvieron impacto. Un día estaba tan triste por ese pecado en mi propia vida que decidí que tenía que abandonar la amistad que lo apoyaba. Oré pidiendo valor para arrepentirme y hacer lo que fuera necesario, y esto el lo que escribí:

> Señor, últimamente me has mostrado cuán mala representante tuya soy cuando uso palabrotas. Y también me causa mucha angustia cuando XX toma tu nombre en vano. Siempre me he sentido incómoda con eso, pero ahora lo odio con todo mi corazón. Te pido que me des el valor de corregirlo con más valentía o alejarme de esa amistad. De pronto, me siento muy arrepentida por mi boca sucia. Ya no quiero insultar ni estar cerca de los que lo hacen. Te pido que me ayudes a cambiar.

En otra ocasión, estuve cara a cara con otro pecado en mi vida cuando le pedí a una amiga que me llamara desde larga distancia para conversar durante horas de trabajo. Ella me dijo que se sentía incómoda al llamar de su lugar de trabajo porque eso era como robar a su empresa. Para ella era más importante el tiempo que no trabajaba que el costo de la llamada.

Después de reírme de lo que consideraba un comentario ridículo acerca de una llamada de teléfono, mi amiga me explicó que ella y su esposo siempre conversaban acerca de la ética de su comportamiento en el trabajo. Su esposo, un oficial retirado del ejército norteamericano y graduado de *West Point*, a menudo se refería al código de ética que había aprendido de cadete: un cadete no miente, no hace trampa, roba, ni tolera a los que lo hacen. Ella me dijo que esa simple declaración constantemente los retaba a ambos a escudriñar su comportamiento.

Tomando en consideración este nuevo punto de vista, durante los meses siguientes mi mente empezó a trabajar más de la cuenta. Comencé a examinar seriamente mi modo de pensar y de actuar. Comencé a reflexionar sobre los robos en las empresas, cómo usar las estampillas de la empresa para correspondencia personal o cobrar un almuerzo con amigos como un gasto de la empresa. Con el tiempo escribí:

> Ahora me doy cuenta que no es correcto «tomar prestado» bienes de la empresa para uso personal. Señor, perdóname. He decidido darle un cheque al Sr. X por útiles de oficina que he tomado. Esto no será fácil para mí, pero aun más humillante es que necesito pedirle perdón. Lo siento mucho. Gracias por usar a mi amiga y la influencia de su esposo para cambiarme. Señor, te pido que me moldees para ser una mujer honorable para ti.

Me había olvidado de estas dos confesiones que me llevaron al arrepentimiento. Me da gusto haberlas registrado en mi diario, aunque sean terriblemente vergonzosas. Me ayudan a ver el poder que tiene Dios para quitar otros pecados de mi vida cuando se lo pido. Ahora digo: «Señor, si trataste con mis insultos y mis robos, seguramente puedes tratar con otra cosa».

> *Muchas veces vemos a la gente retorcerse las manos y decir: «Quiero saber cuál es la misión de mi vida», mientras le cortan el paso a un vehículo en la carretera, se niegan a prestarle atención a los demás, castigan a su cónyuge por haberlos ofendido y mienten acerca de algo que hicieron. Nos puede parecer que los ángeles se ríen del espectáculo. Pero, allí estaba la misión de esa gente que se retorcía las manos: en la carretera, en la interrupción, en el dolor y en la confrontación.*[7]
>
> RICHARD NELSON BOLLES

Sé que habrá «otras cosas» para mí, como también las habrá para usted. Aunque al principio vacilemos en dar el paso del arrepentimiento, aprovechemos la oportunidad, porque esto nos equipa para avanzar hacia el propósito de Dios para nuestra vida.

LA GUÍA DEL VIAJERO PARA PRACTICAR EL ARREPENTIMIENTO

El arrepentimiento es una práctica que llegará a ser bastante común, a fin de poder escuchar la voz de Dios acerca del propósito exclusivo que tiene para cada una de nosotras. Las siguientes sugerencias la ayudarán a seguir el camino hacia el propósito y aun dar pasos gigantescos.

Busque a Dios

¿Está dando pasos hacia el arrepentimiento al decir: «Tengo que confesarle mis pecados a Dios»? Si su respuesta es «sí», ore sin cesar, medite en la Palabra de Dios, busque consejos o terapia cristiana, haga un estudio bíblico, mantenga conversaciones sobre el tema, lea libros; de esta forma estará invitando a Dios a obrar en su vida. Su Creador la ama y quiere que tenga buen éxito en la misión de su vida. Vuélvase a él y pídale que le muestre algún pasaje de las Escrituras, persona, circunstancia o actividad que le ayude a cambiar su manera de hacer las cosas.

Memorice un versículo de las Escrituras

Usted podría memorizar Romanos 7:18, uno de los versículos más reconfortantes de las Escrituras sobre el arrepentimiento: «Aunque deseo hacer lo bueno, no soy capaz de hacerlo». ¡Qué cierto ha sido esto en mi vida! No lo digo como una excusa para seguir pecando, sino para animarla a ser paciente consigo misma. Dios sabe lo difícil que es cambiar los patrones del pecado. Solo recuerde que está respondiendo a un Dios que la ama de verdad, no a un Dios que está enojado con usted porque no hizo bien las cosas desde un principio.

Considere las consecuencias de su pecado

Las consecuencias de su pecado pueden ser extensas, incluyendo la pérdida de su carrera, su matrimonio, su familia, sus bienes, su educación, su buena reputación, su autoestima, su pasión o su esperanza, solo por nombrar unas cuantas cosas. Las consecuencias incluso pueden afectar a la siguiente generación, quienes queriendo imitar su conducta no son capaces de romper un ciclo pecaminoso de abuso o adicción.

Piense en un pecado confesado de su vida. ¿Cuáles fueron los resultados positivos (obvios o no) de arrepentirse de ese pecado? Ahora piense en un pecado actual del cual no se ha arrepentido. ¿Cuáles pueden ser las posibles consecuencias negativas de ese pecado? Pídale a Dios que la perdone por ese pecado y la libere del poder del mismo. No pida simplemente para evitar las posibles consecuencias difíciles, sino para recibir el perdón; pues Dios es todopoderoso y está esperando que usted se arrepienta.

Considere las bendiciones perdidas

El pecado puede causarle la pérdida de bendiciones tales como relaciones más profundas, gozo, paz, un papel de liderazgo, buena salud, intimidad con Dios, crecimiento espiritual, desarrollo del carácter o estabilidad financiera. Recuerde un pecado pasado y pregúntese: «¿Qué bendición pude haber perdido a causa de ese pecado?» Luego, piense en un pecado actual del cual no se ha arrepentido, e identifique cuáles podrían ser las bendiciones a perder.

Acepte la reprensión

Pídale al Espíritu Santo que la alerte respecto a sus pecados, y que prepare su corazón para oír y aceptar la reprensión o la corrección. La reprensión puede venir inesperadamente por medio de una amiga durante una conversación, o directamente del corazón de Dios durante un tiempo de soledad y silencio. En respuesta a este impulso a dejar de pecar, huya de una tentación esta semana. No se disculpe ante nadie al huir de la tentación, y no mire hacia atrás, ¡sencillamente corra!

Pero él me dijo: «Te basta con mi gracia, pues mi poder se perfecciona en la debilidad». Por lo tanto, gustosamente haré más bien alarde de mis debilidades, para que permanezca sobre mí el poder de Cristo.

2 CORINTIOS 12:9

Reconozca sinceramente cinco pecados

Use la lista de «Los cinco pecados que la distraen de lo mejor que Dios tiene para su vida» (que se encuentra debajo) para identificar algunas de sus tendencias y evaluar si está preparada para llevar a cabo la voluntad de Dios para su vida. Este ejercicio le ayudará a ver si está cooperando completamente con el plan de Dios. Si es necesario, pídale ayuda a una amiga que pueda ser objetiva.

LOS CINCO PECADOS QUE LA DISTRAEN DE LO MEJOR QUE DIOS TIENE PARA SU VIDA

1. **Envidia**: ¿Tiene envidia de la ganancia imprevista de su vecino, o de su amiga que tiene un esposo adorable? ¿Tiene envidia del tamaño o el alcance de la misión de la vida de alguna otra persona?
2. **Enojo:** ¿Está enojada por una enfermedad, un divorcio o una injusticia? ¿Está enojada porque no sabe lo que Dios quiere de usted? ¿Está enojada con las personas que interfieren con la visión que Dios le ha dado?
3. **Orgullo**: ¿Le gusta llamar la atención por sus logros? ¿Se jacta por su asignación llena de propósito? ¿Lucha con Dios para tener el control de la dirección que quiere seguir?
4. **Desobediencia**: ¿Pone oídos sordos a los necesitados? ¿Está demasiado ocupada como para orar? ¿Descuida a su familia para llevar a cabo su propósito único en la vida?
5. **Falta de honradez**:. ¿Miente, hace trampa o roba? ¿Deja de cumplir con las obligaciones económicas para financiar su sueño de edificar el reino de Dios?

Haga esta oración

Mientras hace la siguiente oración, dé un paso de fe y pídale a Jesucristo que la ayude. Pídale que la lleve de donde se encuentra ahora hasta donde él quiere que esté:

Amado Jesús, con acción de gracias

Te doy mi . . .	*Pido tu . . .*
orgullo y ego	*humildad*

impaciencia	*paciencia*
desesperación	*esperanza*
enojo	*gozo*
malhumor	*bondad*
mentiras	*verdad*
control	*serenidad*
dudas	*fe*
desaliento	*perseverancia*

Señor, sé que soy humana y seguiré pecando; pero reduce el tiempo que me toma reconocer pecados como el enojo, el desaliento, las dudas o la avaricia. Si solía tomarme una semana reconocer un pecado y vencerlo, te pido que solo demore un día, una hora, un minuto o un segundo. No quiero que mi pecado sea causa de ofensa o desobediencia a ti. Dame fuerzas ahora. En el precioso nombre de Jesús. Amén.

LIBROS RECOMENDADOS SOBRE CAMBIOS DE CONDUCTA

Make Anger Your Ally [Enojado con el prójimo], por Neil Clark Warren [8]

Cámbiame, Señor, por Evelyn Christenson [9]

Libre, por Beth Moore [10]

ES HORA DE ARREPENTIRSE

¿Dará usted el siguiente paso hacia Dios y el propósito para su vida de: *arrepentirse y apartarse de todas tus maldades*? Si su respuesta es sí, no se desespere porque aunque sea un paso difícil trae gran regocijo. En realidad, la Biblia dice que los ángeles en el cielo se alegran cuando un pecador se arrepiente.[11] Y el apóstol Pablo escribe: «Ahora me alegro, *no* porque se hayan entristecido sino porque su tristeza los llevó al arrepentimiento».[12] De modo que al entregarle sus pecados a Dios, pídale a alguien de confianza que camine a su lado, que la anime y que se regocije con usted.

¿Dejará las costumbres pecaminosas que controlan su vida y la tienen prisionera? ¿Le contará a alguien la decisión que ha tomado de arrepentirse? ¿Está preparada para llegar a ser una noble mujer de Dios, una mujer deseosa de arrepentirse de todo pecado que separa su corazón de Dios y de cumplir su propósito en el mundo? Entonces, siga adelante, dé el paso, arrepiéntase de sus pecados. Él la está esperando.

Sabiduría de Dios para el camino

El paso de vida de «la mujer samaritana»: Arrepentirse y alejarse de todos sus pecados

Para aprender una lección de la samaritana, sin nombre, acerca del paso al arrepentimiento, lea Juan 4:7-42. Jesús conversó con la samaritana cuando ella fue a sacar agua de un pozo. Le dijo que sabía que había tenido cinco maridos y que ahora vivía con un hombre que no era su marido. Después que Jesús le revelara que era el Mesías prometido, ella se convirtió en una evangelista, enseñando a su pueblo el camino a Jesús.

Su arrepentimiento del pecado quizá no sea una conversión dramática como la de la mujer en el pozo, pero ¿contra qué pecado o problema de carácter está luchando? ¿Tomará el paso de arrepentirse y de alejarse de su pecado?

Preguntas personales para el camino

1. ¿Con qué frecuencia le confiesa sus pecados a Dios?
2. Escriba cualquier cosa que la impulse a arrepentirse. Estos son algunos ejemplos:
   - Saber que Jesús me ha perdonado.
   - La reprensión o corrección de alguien en quien confío y a quien amo.
   - Un versículo de las Escrituras que me hable al corazón.
   - Un libro que explique por qué me atrae cierto pecado y cómo evitarlo
   - Que me descubran; avergonzarme de ello.
   - Enfocarme en lo contrario al pecado; por ejemplo en la humildad, en la integridad, en el estímulo.
   - Ver el horror de cierto pecado en la vida de otra persona.

3. ¿Qué ideas de la Pregunta 2 usará ahora para tener mayor deseo de arrepentirse y confesar su pecado?

4. ¿Qué debilidad le está impulsando Dios a entregarle?
5. ¿Cuál es su respuesta a este versículo? «Despojémonos del lastre que nos estorba, en especial del pecado que nos asedia, y corramos con perseverancia la carrera que tenemos por delante» (Hebreos 12:1).

NOTAS

1. (p. 90) Vea Efesios 4:19–5:21.
2. (p. 94) Vea 2 Corintios 7:10–11.
3. (p. 94) Proverbios 16:18.
4. (p. 94) Proverbios 16:5.
5. (p. 95) Hechos 12:21–23.
6. (p. 95) Vea 2 Crónicas 26:1–21.
7. (p. 97) Richard Nelson Bolles, *What Color is Your Parachute?* [¿De qué color es su paracaídas?], actualizado anualmente. Ten Speed Press, Berkeley, Calif, 1995, 457. Reimpreso con permiso. Copyright © 1995 por Richard Nelson Bolles, Ten Speed Press, P.O. Box 7123, Berkeley, CA 94707.
8. (p. 101) Neil Clark Warren, *Make Anger Your Ally* [Enojado con su prójimo], Enfoque a la familia, Colorado Springs: 1990.
9. (p. 101) Evelyn Christenson, Cámbiame, Señor, (Chariot Victor Publishing, Colorado Springs: 1993).
10. (p. 101) Beth Moore, Libre, Broadman y Holman, Nashville, 2000.
11. (p. 101) Vea Lucas 15:7, 10.
12. (p. 101) 2 Corintios 7:9 (cursivas añadidas).

Cuarta parte

Ponga su vida *al servicio* de los demás

El propósito de Dios de *Ministerio* para usted: Servir a los demás

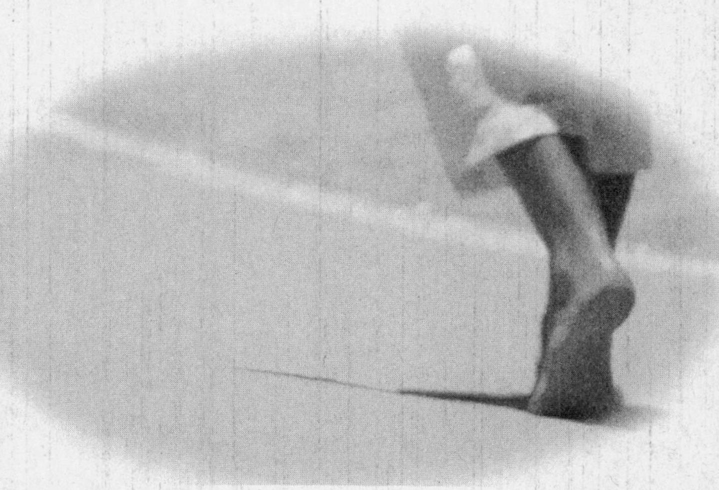

Capítulo 7

Lave los pies de otra persona

Pues si yo, el Señor y el Maestro, les he lavado los pies, también ustedes deben lavarse los pies los unos a los otros. Les he puesto el ejemplo, para que hagan lo mismo que yo he hecho con ustedes. . . ¿Entienden esto? Dichosos serán si lo ponen en práctica.
(JUAN 13:14–15, 17)

Espero que esté ansiosa de dar el siguiente paso hacia el descubrimiento del propósito exclusivo de Dios para su vida. Aunque haya sido difícil el arrepentimiento, era necesario comenzar a vencer esos desafíos, porque el paso que está a punto de dar es aun más complicado. Pero no se asuste, el viaje hasta ahora la ha preparado bien. De modo que vamos a avanzar y ver a donde Dios nos lleva.

La piedra de *lavarse los pies los unos a los otros,* en algunas, produce un ataque de llanto y queja. A primera vista, nos sentamos en la piedra más cercana del arroyo y nos negamos a practicar tal actividad. Nos han escuchado murmurar: «¡YO NO estoy de acuerdo! ¡No lo haré!» Si tiene esos pensamientos, quisiera que considere una verdad innegable: Jesús hablaba en serio cuando dijo que sus seguidores debían servirse los unos a los otros; y lo hizo con tanta seriedad que él mismo lavó los pies de sus discípulos.[1]

No sé si se ha dado cuenta, pero Jesús siempre dio el ejemplo personal de las cosas que más quiere que imitemos y pongamos en práctica. Por ejemplo cuando se alejó a solas para orar y oír la voz de su Padre, nos mostró cómo buscar la paz (vea el capítulo cinco). Cuando le clamaba a su Padre en el jardín de Getsemaní, nos mostró cómo es una vida entregada: «Pero no sea lo que yo quiero, sino lo que quieres tú»[2] (verá más de esto en el capítulo diez). De modo que sería necio ignorar el ejemplo de servicio de Jesús. Como nuestro modelo, él nos ofrece el más alto nivel de inspiración para llevarnos a la acción. Nos enseña claramente que el servicio humilde es un requisito de la fe en acción.

No importa cuánto nos quejemos de las grandes exigencias de este paso de servicio, Dios nunca ha pensado retirar esta piedra. El aspecto de sus manchas y grietas no serán atractivas para nosotras; pero a los ojos de Dios esta piedra es hermosa. No la devolverá a la fábrica para que la restauren. El servicio humilde puede no estar en nuestra lista de prioridades, y no ser popular entre las masas; pero es lo que Dios quiere.

Un requisito con ricas recompensas

Sé que servir a los demás provocará que más de una vez nos preguntemos: «¿Qué estoy haciendo aquí?» o «¡Auxilio, sáquenme de aquí!» Yo misma he reaccionado de esa manera. Pero el servicio a los demás puede ser satisfactorio y gratificante. Aunque algunas tareas en el ámbito del servicio pueden hacer que una mujer sienta vergüenza, he observado que las mujeres parecen estar naturalmente más inclinadas a dedicarse a los demás. Una mujer sin deseo alguno de ayudar a los demás es tan poco común como una mujer sin antojos de chocolates o alguna otra comida prohibida. Así que, confidencialmente, ¿se ha preguntado alguna vez qué ganaría con servir a los demás? Vamos a echarle un vistazo al asunto.

El lavarnos los pies los unos a los otros, forma parte de un mini propósito para el presente. Desearía haber sabido esto hace años. Como mencioné en el capítulo tres, el simple conocimiento de que los pequeños actos de servicio en los que estaba vertiendo mi vida eran de real importancia para Dios, hubiera sido tremendamente esperanzador. El conocimiento de que esos actos, al parecer insignificantes, eran parte del plan de Dios para mí me hubiera hecho superar muchas tandas de desaliento con respecto al valor de mi vida.

Además, el humilde servicio en las cosas cotidianas muy a menudo conduce a un campo más amplio de servicio. Ningún servicio, por más insignificante que lo consideremos, pasa desapercibido para Dios. He escuchado incontables historias de la obra poderosa de Dios extendiendo el ministerio y la influencia de siervos fieles y obedientes. Ellos son los santos a quienes se les confía tareas que requieren aun más obediencia. Esa es la gente a quien Dios honra porque sigue su mandato de «no ser servidos, sino de servir».[3]

Otra recompensa del servicio fiel es aprender la empatía y la paciencia en el camino a cumplir el propósito de la vida. Aunque ese fuera el único beneficio de este paso, bien valdría la pena. Pero hay un incentivo aún mayor, que es el privilegio de acercarse más al Dios que uno sirve y aprender más acerca de él.

Cuando colabore con Dios sirviendo a los demás, aprenderá a depender de él como la fuente de fortaleza para cumplir con sus asignaciones particulares. Y al caminar sobre las huellas ministeriales de Jesús, se volverá más como él. Estará poniendo en práctica lo que él enseña en su Palabra. Experimentará el gozo de tener los pies firmes sobre esta piedra para servir de la forma que Dios le pida.

> *Observe y vea dónde Dios está obrando, ¡y únase a él!*[4]
> HENRY BLACKABY Y CLAUDE KING

NO TENGA TEMOR DE TAMBALEAR CON SUS PASOS

El propósito de Dios es que lleguemos a ser servidoras desinteresadas y obedientes, dispuestas a servir en cualquier momento, lugar o misión. Algunas de las asignaturas pueden ser perfectas para nosotras. Otras, pueden ser inconvenientes o hacernos sentir incómodas. Pero Dios quiere que lo sirvamos de todo corazón, no importa cuál sea la tarea. Por supuesto, no espera que tengamos esa actitud al comienzo de nuestra vida cristiana; pero sí espera que desarrollemos esa actitud al ir creciendo como creyentes.

Estoy muy agradecida a Dios por su misericordia al aceptar nuestros sinceros esfuerzos de servir a los demás, porque he tambaleado varias veces en esta parte del arroyo. Estoy agradecida porque él no se avergüenza de mí, aunque algunos de los pasos me han hecho avergonzar.

Una vez di un paso equivocado cuando una amiga me confesó: «Siento como si fuera una mala hierba cristiana que no sirve para nada. Parece como si me arrancaran de todo ministerio que me agrada». Mi respuesta inicial fue condolerme con ella, pero al mismo tiempo sentí el gusto desagradable de mi furtivo orgullo. Tengo que admitir que dentro de mí había una actitud petulante de felicitación, porque yo —incluso de niña— siempre había tenido la disposición de ayudar a los demás.

Afortunadamente, Dios tuvo misericordia de mí. De inmediato trajo a mi mente cuán difícil había sido para mí la transición al ministerio formal de la iglesia y a la obra misionera. Por alguna razón, fue un paso gigantesco para mí el cambio de ser una creyente agradecida, enfocada en el crecimiento y la santificación personal, a una creyente servidora, enfocada en convertirme en las manos y los pies de Dios para los demás. Recordé lo consumida y marchita que me sentí durante ese tiempo.

Recuerdo bien los sentimientos que experimenté cuando me pidieron que cumpliera mi primera responsabilidad de ministerio como ujier, dando la bienvenida a las personas el domingo por la mañana. La mejor comparación para esos sentimientos dolorosos es un viaje de campamento que hice una vez. Si, por casualidad, a usted le agrada la escabrosa experiencia de acampar en una diminuta carpa a orillas de un arroyo helado, perdóneme, pero yo la odio. Mi punto de vista es de algo *precario,* como un hotel sin servicio de habitación.

A pesar de mi aversión personal por acampar, una vez acepté ir porque mi esposo me hizo sentir culpable de no querer acompañarlo. «Tu hijo de dos años quiere tener su primera experiencia de camping», me suplicó. No pude resistir. Sobreviví la peligrosa excursión a la montaña, los enjambres de abejas, las hormigas invasoras, los horribles tábanos y la comida quemada. Pero cuando nuestro perro pastor alemán, por un momento, confundió mi pie con un pez del arroyo, me harté. Grité a voz en cuello, sin titubear: «Quiero irme de aquí. Llévame al Hilton ahora mismo. ¡No me importa lo que quiere mi hijo!»

No sé qué me caía mejor, hacer de ujier el domingo por la mañana o acampar. Ambas actividades me ponían tensa, y decidí que nadie debería servir en la iglesia o salir de vacaciones con su estómago hecho nudos. Dios debía tener muchos servidores con un gran corazón, dispuestos a dar la bienvenida a los visitantes en la iglesia, así como tenía muchos acompañantes felices». Ya sea por la lógica de Dios o mi excusa para dejar de servir donde no me sentía a gusto, empecé a buscar oportunidades de ministerio en otra parte.

Lo sorprendente es que Dios puede usar cualquier aventura de servicio, fácil o difícil, para que reconozcamos nuestra necesidad de madurez espiritual. Y si alguna vez vamos a cumplir los propósitos de Dios para nuestra vida, y deleitarnos en ellos, tenemos que madurar espiritualmente. Es por eso que la piedra de servir a los demás es importantísima.

Nuestra meta al servir a los demás es glorificar a Dios, y al perseguir esa meta aumenta nuestro deseo de desarrollar un humilde corazón de siervo y crecer espiritualmente. Al crecer espiritualmente glorificamos más a Dios, lo cual nos ayuda a ver el valor de cumplir las disciplinas que derivan en una madurez espiritual: tener un tiempo devocional, leer la Biblia, ayunar, diezmar y cosas por el estilo. A cambio, seguir estas disciplinas nos produce un mayor deseo de crecer y madurar. De modo que nuestros pasos hacia el servicio a los demás, aunque sean tambaleantes al principio, son cruciales para ser mujeres de propósito. Una vez que nos comprometemos a servir a Dios dondequiera que nos guíe, podemos empezar todo un ciclo de crecimiento.

La primera prueba de obediencia

A veces Dios nos guía a servir en algún aspecto de nuestra preferencia, porque quiere que nos acostumbremos a la idea de servir a otros. Nos puede dar la posibilidad de optar por la oportunidad de servicio de nuestra propia elección. Esto nos permite descubrir nosotras mismas los ministerios que preferimos y para los que estamos mejor equipadas. Podríamos intentar haciendo visitas al hospital, alimentando a los necesitados, haciendo servicio voluntario en la oficina de la iglesia, colaborando en un ministerio carcelario de evangelización y así por el estilo. En poco tiempo, encontraremos ministerios con los que nos identifiquemos. Nos daremos cuenta que servir a los demás es un privilegio muy grato. Creceremos y prosperaremos como una planta en la tierra correcta y bajo las mejores condiciones.

Con el correr de los años, he hecho mi buena parte de investigación y he probado diferentes oportunidades de ministerio. Me di cuenta, por una parte, que el director del coro se encogía cuando me veía llegar. ¿Sería porque yo cantaba desafinado o porque hablaba demasiado durante los ensayos? Además me di cuenta que no era necesario que me uniera al grupo, altamente respetado, de cuidados de enfermos desahuciados (muy triste para mí), y que sería mejor para la iglesia si me mantenía lejos del ministerio de contar los diezmos (demasiado exacto para mí). Y no se qué hubiera podido ofrecer al comité de planeamiento de la celebración de Navidad (demasiado artístico para mí).

El proceso de probar distintos ministerios, a fin de encontrar «mi lugar» me ayudó a darme cuenta de que me encanta hacer entrevistas, me gusta guiar a la gente en la búsqueda de los propósitos de la vida y me gusta escribir y enseñar. De modo que no es de sorprenderse que por muchos años me ocupara de hacer entrevistas ministeriales, y de ayudar a las mujeres de nuestra iglesia a precisar el área ministerial al cual Dios las estaba dirigiendo. Con el tiempo, también colaboré en la redacción del manual de adiestramiento para las líderes de ese programa, el cual instruía a otras mujeres para llevar a cabo las entrevistas.

> *«El que me ama, obedecerá mi palabra, y mi Padre lo amará, y haremos nuestra vivienda en él. El que no me ama, no obedece mis palabras. Pero estas palabras que ustedes oyen no son mías sino del Padre, que me envió».*
> (Juan 14:23-24)

¡Había pasado el primer examen! Obedientemente, había dado los pasos para encontrar un ministerio en el cual me agradaba servir. ¿Pero quién quiere servir solamente en los aspectos que le agradan, en los que nos sentimos cómodas y acomodadas? Yo no, y creo que usted tampoco. ¡No somos cobardes espirituales! De modo que el siguiente paso es prepararnos para una prueba de obediencia más avanzada.

La prueba para graduarse en obediencia

A veces Dios nos pide que sirvamos en algún campo que está muy lejos de nuestra zona de comodidad o de nuestros talentos. Puede hacerlo para probar nuestra fe, o para enseñarnos una lección valiosa. Sinceramente, esta clase de asignaturas de servicio todavía me parecen tan horribles como ir a acampar, y pueden llegar a provocarme un gran sentimiento de lástima de mí misma y de martirio personal. Reacción de la cual me arrepiento, porque sé que si me importa tanto lo que mi Padre quiere que haga, no hay lugar para la autocompasión.

Durante mi viaje a Calcuta, Dios me dio una de esas «no muy preferidas» asignaturas. Los que me vieron tratar de escapar de esa situación dijeron que podían ver mi descontento por mi ceño fruncido.

En una oportunidad, que solo pudo haber sido obra de Dios, mi madre y yo colaboramos como voluntarias en un Hogar de mujeres enfermas mentales; un lugar para los parias de la sociedad. Después de servir un refrigerio de leche, fruta y papilla a las mujeres que habían sido rescatadas de la calle, me pidieron que las entretuviera y las ayudara a hacer un poco de ejercicios. Con gran entusiasmo, enseñé a las pacientes mi versión del *jig* irlandés, que era una mezcla vivaracha de polca y baile cancán. Hasta allí, todo bien.

Entonces, una de las misioneras me alcanzó un cortador de uñas y me pidió que corte las uñas de las pacientes. Dudando, traté de inspirarme confianza con pensamientos como: *No hay problema, lo puedo hacer*. Desesperada al ver lo que me habían asignado a mí comparado con lo que estaba haciendo mi madre, le eché una furtiva mirada envidiosa, pues su tarea era más fácil que la mía. A ella le habían encargado ayudar a una paciente a hacer ejercicios con los brazos. En silencio especulé: *Ajá, quizá pueda intercambiar el trabajo conmigo.*

Sin embargo, en ese momento vi una herida supurante en el brazo de su paciente. En pocos segundos, decidí que era mejor para mí cortar uñas descuidadas que encargarme de una horrenda infección. De modo que, muy agradecida, corté uñas mientras mi madre buscó a una enfermera que la ayudó a vendar la herida de su paciente.

Estaba haciendo mi trabajo un poco de mala gana cuando, de repente, una paciente colocó su pie sobre mi falda, pidiendo que hiciera de pedicura. Era un pie muy ancho, ¡o quizá mis ojos desorbitados lo hicieron parecer más ancho de lo que era! Estaba todo rajado y ennegrecido por no haber usado zapatos durante años. Miré el pequeño rostro de tez oscura de la mujer y su sonrisa sin dientes, y la reconocí como la única persona con la que había establecido lazos esa misma tarde. De hecho, ella me había cantado ?en inglés? «Ahora o nunca» de Frank Sinatra. ¿Era éste el sentido de humor de Dios? ¿Era que ahora o nunca debía aprender a servir dondequiera me lo pidiera?

Cerré mis ojos para sustraer cualquier fuerza interior que tuviera, y ocurrió algo extraordinario. Vi una imagen de Jesús lavando los pies de sus discípulos, y sentí que Dios me estaba incitando a hacer lo mismo con esta mujer. Ansiosamente, miré a mi alrededor en busca de agua, porque con gusto la hubiera usado a fin de obedecer *y* de tener un pie limpio en mi falda, pero ni siquiera pude encontrar una taza de agua. De modo que tomé aliento y comencé a cortarle las uñas de los pies.

Me sentí muy complacida de obedecer casi de inmediato lo que yo consideraba una situación desagradable, y quedé muy sorprendida por la gratitud que vi en los ojos de la mujer. Dios no solo la había llenado de risa por intermedio mío, sino que también me había permitido sentir gozo al servirla. ¿Era ésta su manera de enseñarme lo que la Madre Teresa había descrito cuando me dijo que su trabajo en los barrios pobres era de sumo gozo? Tomé nota mentalmente para meditar en ello cuando estuviera cómodamente de vuelta en casa, recibiendo mi propia sesión de pedicura. Luego pensé, por ahora es mejor tomar aire y seguir cortando uñas.

> *Usted no hace grandes cosas; sólo pequeñas cosas con mucho amor.*[5]
> MADRE TERESA

Cuando terminé de cortarle las uñas de los pies a la paciente, alcé la vista con sentimientos de alivio y satisfacción. Me horroricé por la cola infinita de clientes sonrientes que esperaban por su turno también. Miré mi reloj; pero no estaba ni cerca la hora de siesta de las damas. Murmuré entre dientes: «Mira, Dios, bajo presión, acepté cortar hoy las uñas de los pies de una mujer. La verdad es que me engañaste haciéndome creer que lavar los pies era una asignación fácil. ¿Realmente crees que yo, una *señora fina*, tenga el amor desinteresado que se necesita para hacer de pedicura a todas estas mujeres enfermas mentales?»

Mi cabeza daba vueltas con visiones de uñas sucias que me rodeaban, en vez de hijas del Rey que me bendecían con su risa y gratitud. Por un momento perdí de vista cómo mi Rey sería glorificado por mi obediencia. Mientras se calmaba mi pánico, comprendí que esta tenía que ser una tarde disciplinada de obediencia y oración silenciosa: «Maestro, lo tú me mandes». Una vez, Simón Pedro le había dicho esas mismas palabras a Jesús, y Jesús verdaderamente lo había bendecido.

> —Maestro, hemos estado trabajando duro toda la noche y no hemos pescado nada —le contestó Simón—. Pero como tú me lo mandas, echaré las redes.
>
> Así lo hicieron, y recogieron una cantidad tan grande de peces que las redes se les rompían. (Lucas 5:5–6)

Después de un rato, oré con palabras propias:

> Señor, no solamente quiero soportar este momento ministerial que has programado hoy para mí. Cuando me des oportunidades de servir, quiero ser tus manos y tus pies. Enséñame a ser un instrumento tuyo. Ayúdame a estar siempre dispuesta a hacer lo que haya que hacer, ya sea en casa, en la iglesia, en la comunidad o en el campo misionero. Hazme recordar que vivir para ti es servir a los demás, y que servir a los demás es vivir de verdad.

Cuanto más oraba, más podía sentir a Dios ministrándome a mí y a través de mí. Me estaba dando la suficiente calma como para servir y suplir las necesidades básicas de mis hermanas en Cristo.

¿Y qué de usted? Tal vez nadie le va a pedir que lave los pies o corte las uñas de una persona; pero ¿está dispuesta a servir y hacer cualquier cosa que Dios quiera? Cuando mis hijos eran pequeños, les decía que la obediencia era hacer lo que se les ordenaba, con una actitud positiva e inmediatamente. Conforme iban creciendo, los felicitaba si hacían bien una o dos de esas cosas. Pero si hacían las tres, ¡era una «gol» de obediencia!

Es igual para nosotras cuando servimos a nuestro Señor. Él espera una obediencia alegre y pronta. Jesús dijo: «Ustedes son mis amigos si hacen lo que yo les mando».[6] Estoy de acuerdo en que a veces es difícil seguir las instrucciones de Dios, y sé que somos seres humanos que a veces fallamos en nuestros esfuerzos de convertirnos en siervos fieles. Pero recuerde que el servicio a los demás es un acto de obediencia para aquel que pagó por cada acto de nuestra desobediencia con su muerte en la cruz.

LA GUÍA DEL VIAJERO PARA EL LAVADO DE PIES

Las siguientes sugerencias la ayudarán a descubrir oportunidades para obedecer la dirección de Dios, conforme la dirige por la senda del servicio a los demás. Dedique todo el tiempo que sea necesario en este paso, hasta que lavar los pies de los demás, o ministrarles de alguna otra manera, se convierta en parte natural de su vida.

Aproveche hoy una oportunidad para dar de sí misma

Pregúntele a Dios qué oportunidad quisiera que usted aprovechara hoy, para dar de sí misma a alguien (fuerza, tiempo o recursos). Luego preséntese como voluntaria en la próxima oportunidad de servicio que Dios ponga en su camino. Sea o no sea lógico, o conveniente, ofrezca su ayuda y sirva allí donde Dios esté obrando. Frecuentes y humildes experiencias de servicio, maceradas en lecciones de confianza en Dios, son el adiestramiento necesario para el ministerio y los planes de Dios para usted. Dígale a Dios que quiere que la use —cuando sea, donde sea y como sea— ¡y vea hacia dónde la lleva la aventura!

Piense a largo plazo

¿Qué le está impulsando Dios a hacer por él a largo plazo? ¿Quiere que se una al equipo de benevolencia de su iglesia, que haga un viaje misionero o que ayude a fundar una iglesia? Ya sea que Dios le revele una actividad dentro de su comunidad local o alrededor del mundo, considere una perspectiva ministerial a largo plazo que impactará su compromiso de servicio para siempre.

> *Sólo la vida que se vive en pro de los demás vale la pena ser vivida.*
> ALBERT EINSTEIN

Mantenga el equilibrio; no se pase de la raya

Durante este paso, esté atenta a su línea de carga. No se trata de un sofisticado término teológico, sino a la raya que marca el límite de carga, pintada en el casco de los buques mercantes. El Parlamento inglés dictó que se pintaran esas rayas porque los buques estaban siendo sobrecargados y se hundían bajo su propio peso. De modo que, esté atenta a sus límites. No sobrecargue su horario con compromisos de servicio que de ninguna manera pueden tener cabida dentro de las limitaciones de su vida.

A propósito, usted es la única persona que puede mantener a flote su buque de servicio. No espere que alguien más ?el gobierno, su iglesia o su familia? la prevengan de cargar demasiado peso. Por otro lado, no se esconda detrás de sus propias ocupaciones como una excusa para no servir a los demás. Descarte todo lo que la pueda distraer del campo del servicio.

¡Examínese!

Haga un inventario de dones para ver si puede identificar sus tres principales dones espirituales. Luego, pase un tiempo investigando y reflexionando sobre las posibles aplicaciones de esos dones. Por ejemplo, si su don es de administración, ¿no sería bueno que sirviera en el comité de retiros de la iglesia? Si su don es de misericordia, ¿qué oportunidades de visitar a los enfermos están disponibles para usted? Luego, decídase a usar lo que ha aprendido. Los «libros recomendados» pueden servir de ayuda en esta parte del proceso.

LIBROS RECOMENDADOS SOBRE DONES
ESPIRITUALES PARA EL MINISTERIO

Discovering Your Spiritual Gifts: A Personal Inventory Method [Cómo descubrir sus dones espirituales: Un método de inventario personal, por Kenneth Kinghorn [7]
CLASS 301: Discovering My Ministry [Clase 301: Cómo descubrí mi ministerio], Saddleback Church [8]

Pruébese nuevos zapatos de ministerios

Quizá usted ya sabe cómo Dios la programó. Ha hecho una prueba para descubrir los dones espirituales o el perfil de su personalidad, y está segura de que Dios le ha dado un adelanto de cómo quiere que use sus dones, su personalidad, sus habilidades, sus pasiones y sus experiencias. ¡Magnífico! Pero no se quede estancada en el descubrimiento. Nunca sabrá con certeza dónde Dios quiere que sirva hasta que haya probado diversas oportunidades.

Cuando mi hija aprendió a caminar, fue directamente a mi ropero para probarse mis zapatos. Durante años se la veía andar por la casa con zapatos desparejos. Por la mañana, la podía ver con un zapato de taco alto y otro de tenis. Luego en la tarde podía estar usando una pantufla y una sandalia. Probar zapatos es cómico cuando es un juego de niños, pero el concepto de probarse muchos zapatos de dones para ver cuál es el que Dios ha diseñado para usar puede llegar a ser útil para un adulto.

De modo que abra el ropero de ministerios de Dios. ¡Vamos, pruébese los zapatos! Camine un poco. No importa que se caiga. Tendrá que practicar el paso por la ansiedad o la inseguridad, lo cual la ayudará a desarrollar nuevas habilidades y percepciones. Con el tiempo, aprenderá a reconocer si ciertos zapatos de ministerio calzan bien o perfectamente bien.

Es hora de servir a los demás en el nombre de Jesús

¿Tomará este siguiente paso hacia Dios y el propósito para su vida de *lavarse los pies los unos a los otros*? Dios la está llamando para que lo sirva. ¿Ha puesto a un lado sus preferencias personales, para ponerse a disposición del Señor, a fin de servirle en lugares donde él está obrando poderosamente? ¿Está aprovechando las oportunidades de dar de sí misma en el servicio a los demás?

Si por el momento se siente a gusto en un ministerio, o si no está satisfecha, considere cómo Dios podría usarla por un tiempo en una difícil misión, ya sea en casa o en ultramar. Vaya de prisa al lugar que él le indique. Y en momentos, cuando sea muy difícil obedecer, haga como sugiere mi mentora Ina: «Arrodíllese al pie de la Cruz para orar pidiendo fortaleza y gozo».

Nada en este mundo se compara al gozo de ser usada por Dios. Ser un instrumento en sus manos nos da una percepción más profunda de quién es él y del propósito que tiene para nuestra vida. El servicio fiel a menudo resulta en que Dios nos confía más visión y nos invita a participar en un plan más amplio.

Nuestra responsabilidad en este paso es sencilla: Hablar menos acerca del servicio y servir más. Qué esta sea la oración de su corazón:

> Dios, ayúdame a lavar los pies de los demás pronto y con gozo, o servirles bien en cualquier otra forma que me lo pidas. Quiero quedarme en cada ministerio solo el tiempo que tú quieras. Según tu beneplácito y sabiduría, inspírame a buscar nuevas y valerosas formas de servirte.

Si quiere ser una mujer que sirve
a Dios, no demore. Actúe.

Sabiduría de Dios para el camino

El paso de vida de «Dorcas»: Lavarse los pies los unos a los otros

Para aprender una lección sobre la vida de Dorcas, amada servidora de sus amigos, lea Hechos 9:36-42. Cuando ella murió, la habitación se llenó de mujeres que lloraban y lamentaban la pérdida de esta mujer. Dorcas era una mujer bondadosa que había hecho gran impacto en su comunidad con su don de *servicio*.

¿Qué legado de servicio desinteresado dejará usted? ¿Irá a donde Dios la está llamando hoy? Si así es, susúrrelo como una oración. También pudiera usar la oración que sigue:

Señor, sé que el servicio es una disposición, una actitud de mi corazón, una disponibilidad de mi espíritu. Cuando te permito vaciar mi corazón de orgullo egoísta, hago lugar para que tú entres. Aunque eres rico, voluntariamente te vaciaste por amor a mí, convirtiéndote en un humilde siervo. Ayúdame a ser más como tú.

Preguntas personales del camino

1. ¿En qué maneras se rinde usted cada día al plan de servicio de Dios?
2. ¿Qué le impide hacer obras de servicio? ¿Qué solución le viene a la mente para remediarlo?
3. Haga una lista de todas las misiones en que recuerde haber participado en años pasados: de su iglesia, de su comunidad, de la obra misionera. Escriba «PF» junto a varios de los compromisos de servicio poco favoritos, o «MF» junto a varios de los muy favoritos.
4. ¿Qué ministerio le agradaría investigar? ¿Por qué?
5. ¿Qué paso pudiera dar hoy hacia el servicio (por ejemplo), realizar una llamada telefónica, realizar una investigación sobre algún tópico, encontrarse con algún líder, tomar una clase, comenzar a servir?

NOTAS

1. (p. 107) Vea Juan 13:14–17.
2. (p. 107) Mateo 26:39.
3. (p. 108) Mateo 20:28.
4. (p. 109) Henry Blackaby y Claude King, *Experiencing God* [Cómo experimentar a Dios], Broadman y Holman, Nashville, 1994, 44. © por Broadman y Holman Publishers. Reservados todos los derechos.
5. (p. 113) Citado en Kathryn Spink, ed., *Life in the Spirit: Reflections, Meditations, Prayers* [Vida en el Espíritu: reflexiones, meditaciones, oraciones], Harper y Row, San Francisco, 1983, 45.
6. (p. 114) Juan 15:14.
7. (p. 117) Kenneth Kinghorn, *Discovering Your Spiritual Gifts: A Personal Inventory Method* [Descubra sus dones y talentos espirituales: Un método de inventario personal], Zondervan, Grand Rapids: 1984.
8. (p. 117) *CLASS 301: Discovering My Ministry* [Clase 301: Cómo descubrí mi ministerio], Saddleback Church Lake Forest, Calif., www.pastors.com, 1985.

Capítulo 8

Camine en integridad

A los justos los guía su integridad; a los falsos los destruye su hipocresía.
(PROVERBIOS 11:3)

Tenga cuidado. La siguiente piedra del arroyo se tambalea un poco. Es ancha y plana en la parte superior, pero por debajo es irregular y no apoya bien en el fondo del arroyo. Tendrá que prestar atención mientras hace malabares al pisar esta piedra, porque su apodo es *Caballo Mecedor*, y es famosa por lanzar a los viajeros a la corriente. Usted tendrá necesidad de oración, equilibrio y concentración para no caer de esta piedra: *Ande en integridad, no en hipocresía.*

Antes de dar un paso al descuido, hagamos una pausa para examinar de cerca esta piedra. Nuestra integridad determina si participamos a medias o de todo corazón en los propósitos de Dios para nuestra vida. Una vida auténtica, con integridad, establece verdaderos lazos con el corazón de Dios. De modo que comencemos por aclarar qué entendemos por integridad e hipocresía.

La integridad en contraste a la hipocresía

Podemos definir la integridad como la unidad entre nuestra mente y nuestras acciones, o entre nuestros pensamientos y nuestros hechos. Una mujer íntegra piensa lo que dice que piensa, siente lo que dice que siente y hace lo que dice que hará. Cumple las promesas que hace. Sus motivaciones son puras. Es honesta, recta y genuina. Es *sincera* en sus relaciones.

La hipocresía, en contraste, es engaño deliberado. La falsedad y la hipocresía, son enemigos de la integridad. Igual que un jugador experimentado de póquer, la mujer hipócrita tiene la capacidad de transmitir mensajes a través de sus palabras o acciones que son lo opuesto a sus pensamientos o planes. A usted le sorprendería lo que realmente hay en su mente y corazón.

Las diferencias entre la integridad y la hipocresía son bastante obvias, ¿no le parece? Pero es aquí donde entra en juego la parte tambaleante de esta piedra. Superficialmente, una mujer íntegra y una mujer hipócrita pueden parecer semejantes. Las diferencias son visibles únicamente cuando se mira lo que está debajo del lustroso revestimiento exterior. La verdad solo se ve cuando se evalúan las motivaciones que hay detrás de sus hechos.

> *Cuando uno tiene integridad, no hay hipocresía. La persona es de confianza, cumple sus responsabilidades económicas y lleva una vida privada en pureza . . . inocente de motivaciones impuras.*[1]
> CHARLES SWINDOLL

Déjeme ilustrar lo que quiero decir. Considere a Jonie, una mujer experta en la hipocresía. Ella no quiere parecer muy agresiva o enérgica, pero no subestime su determinación de salirse con la suya. Jonie no quiere tener nada que ver con los amigos de la oficina de su esposo. De modo que imagine su reacción cuando el grupo decide salir a comer y a jugar a los bolos, y su esposo quiere que ella los acompañe. Jonie simula querer acompañarlos. Pero tiene la carta del triunfo, porque ha «tratado y tratado» de encontrar una niñera confiable, pero no ha sido posible. Eso le proporciona una admirable justificación de último momento para no ir. No solo se sale con la suya, sino también parece ser una madre muy dedicada. ¡Es una hipocresía fina!

¿Cuál es el problema?

En el caso de Jonie, su esposo puede haberse decepcionado y sentido solo, pero nadie salió dañado por su engaño. Todos la pasaron bien, incluso Jonie. Por supuesto, los colegas de su esposo comprendieron que ella no podía dejar solos a los niños en casa. A veces esas cosas ocurren. Ellos suponen que la próxima vez podrá ir, pero Jonie es evasiva. Usted y yo sabemos que ella pronto tendrá otra excusa que le impedirá reunirse con ellos.

De modo que, ¿cuál es el problema? Es sencillo: Dios aborrece la hipocresía. Dios no quiere que Jonie, ni usted ni yo, pasemos nuestros días engañando a la gente. El asunto no es si la gente se da cuenta de nuestro engaño o sale lastimado por él. El asunto es que Dios quiere que caminemos en integridad, no en hipocresía. Quiere que actuemos con sinceridad y que nuestras motivaciones sean puras.

Dios es omnisciente y está presente en todo lugar. No podemos esconder de él ninguna fachada o motivaciones falsas. Aborrece cuando manipulamos una situación, controlamos una opinión, buscamos venganza, creamos problemas, hacemos avergonzar a alguien o nos jactamos. Esas cosas son destructivas en nuestra relación con él y con los demás. Dios sabe que la vida sin integridad lleva al engaño, a la envidia, a los chismes, a las intrigas, a la malicia, a la adulación, a la traición y a las maldades ocultas. La Biblia dice que, inevitablemente, esto nos destruye a nosotros mismos y a nuestras relaciones. La hipocresía y sus acompañantes no tienen lugar en los propósitos de Dios para los que lo aman y lo sirven.

La gente se fija en las apariencias, pero yo me fijo en el corazón.
(1 Samuel 16:7)

En caso de tener alguna duda de cómo Dios ve la integridad y la hipocresía, fíjese en las palabras mordaces de Jesús a algunos de los miembros altamente estimados de su comunidad:

> «¡Ay de ustedes, maestros de la ley y fariseos, hipócritas!, que son como sepulcros blanqueados. Por fuera lucen hermosos pero por dentro están llenos de huesos de muertos y de podredumbre. Así también ustedes, por fuera dan la impresión de ser justos pero por dentro están llenos de hipocresía y de maldad.[2]»

¿Se estremece al leer acerca de Jesús hablando de este modo? Yo sí. No sé lo que usted piensa, pero yo aprecio el hecho de no haber vivido en los tiempos del Nuevo Testamento, cuando Jesús podía exponer públicamente mis impuras motivaciones. Estoy agradecida de que me hace ver en privado mis verdaderas motivaciones. Recibo con gusto su guía y su ayuda para llevar una vida de integridad. No quiero dar un paso en falso y salirme del camino que me lleva hacia el propósito de Dios para mi vida. Podemos estar agradecidas pues Dios nos ayudará a ser mujeres honestas y auténticas, a quiénes les pueda confiar una desafiante misión.

Pero aunque deseemos andar en integridad y con buenas motivaciones al buscar nuestra misión, nuestro verdadero comportamiento puede ser bastante diferente. Es alarmante cuán pronto se introducen las malas motivaciones, y pueden cambiar nuestras intenciones más honorables. De modo que vamos a profundizar un poco más, y examinar de cerca otros aspectos de nuestras motivaciones, y cómo esas cosas hacen impacto en el cumplimiento de nuestro propósito en la vida.

Dios ve más allá de nuestras motivaciones de interés personal

Dios es experto en descubrir motivaciones aparentemente inocentes, pero que son de interés personal. Éstas son racionalizaciones retorcidas para un comportamiento orgulloso, ocioso, malvado, desobediente, inmoral, egocéntrico o poco ético. Considere a la mujer que hace una donación de dinero para una buena causa, pero lo hace para recibir reconocimiento y no porque tiene el deseo de servir a los demás.

O qué de la mujer que para obtener lo que desea, ruega: «Dios, si es tu voluntad, por favor dime el gran propósito de mi vida; prometo que voy a esforzarme para cumplirlo». Pero Dios sabe que una vez que ella satisfaga su curiosidad y se desvanezca su emoción, no llevará a cabo el arduo trabajo de cumplir la misión que él le preparó antes de nacer. Su verdadera motivación era egoísta: quería sentir la emoción de descubrir su plan, pero no para aceptar la responsabilidad de cumplir ese plan.

Las motivaciones impuras de interés personal desagradan a Dios y palidecen nuestros dones de servicio a la familia, la iglesia y la comunidad. Cuando se trata de tales motivaciones, Dios expresa su desagrado (en este caso, a través de las palabras del profeta Hageo):

> «¡Así es este pueblo! ¡Así es para mí esta nación! —afirma el Señor—. ¡Así es cualquier obra de sus manos! ¡Y aun lo que allí ofrecen es inmundo! Ahora bien, desde hoy en adelante, reflexionen».[3]

¿No cree que esa declaración sea suficientemente fuerte como para disuadirnos de ser descuidadas respecto de nuestras motivaciones? ¡Me parece que sí! Pero ¿sabe qué? Aun así, a veces tenemos motivaciones impuras. Por tal motivo, podemos estar profundamente agradecidas por la gracia de Dios, porque él nos perdonará y nos usará a pesar de nuestras faltas.

Dios puede usar las motivaciones impuras

Esto puede sorprenderla sobremanera, pero Dios *puede* usar las motivaciones impuras. ¡Así es! Ha usado las de mi hija y las mías, y puede decidir usar las suyas también. Le voy a contar un ejemplo, hace años mi hija Stephanie aceptó, a regañadientes, cantar en un centro de ancianos solamente porque yo insistí en que lo hiciera. No recuerdo si usé la técnica de «me lo debes» de la madre mártir, o si no acepté una negativa usando el clásico discurso de: «No hay lugar a discusión. ¡Aquí la madre soy yo!» Sea cual fuera la táctica persuasiva de madre que empleé, derramé la cantidad adecuada de culpa en su joven corazón, y partimos.

A pesar de mi motivación incitada por el control, y la motivación de Stephanie de acatamiento a la orden, Dios usó la experiencia en una forma conmovedora. Él puso en ella un deseo auténtico de usar su voz para servir al pueblo de Dios. Le dio una idea de lo que significa hacer algo por amor y ser transformada por el ministerio.

A Dios no le interesa el ministerio por culpabilidad

El ministerio por culpabilidad es un común mal paso de motivación que hace perder el equilibrio a muchas mujeres, y puede que ellas ni siquiera comprendan por qué. ¿Cuántas veces, por ejemplo, ha servido usted con una sonrisa falsa debido a las inquietantes palabras *tienes que* o *debes hacerlo*? Si usted dice esas palabras al tomar una decisión, puede ser una señal de alerta de que necesita tiempo para controlar sus motivaciones.

Tengo que admitir que, por muchos años, lo que me motivaba a servir era la culpabilidad. Intenté arduamente estar a la altura de las expectativas que otras personas tenían puestas en mí. Me preocupaba lo que la gente diría de mí si no actuaba como se esperaba. Se me hacía más fácil llevar a cabo una tarea, aunque no quería hacerla, que pasar horas interminables sintiéndome culpable por no haberla hecho.

Un día, inesperadamente, me enfrenté a la verdadera motivación. Durante un culto de oración en el trabajo, a la hora del almuerzo, casualmente le dije a un amigo: «Nick, sé que este año *debería* enseñar nuevamente en la clase de principiantes de la escuela dominical, pero sinceramente no quiero hacerlo». Pensé por un momento, y luego continué: «Olvídalo. Siento haberte molestado con mis quejas. Sé que la iglesia me necesita; mejor lo hago y listo. No es cosa de otro mundo».

La benevolente llamada de atención de Nick quedará grabada en mi memoria para siempre: «No le hagas favores a la iglesia. No estamos desesperados. Queremos que las personas sirvan a los principiantes motivados por el amor a Jesús, no por la culpabilidad. Los niños necesitan que alguien responda con amor a sus miles de preguntas, y que con cariño les limpien la nariz. Es importante que la persona que les ate los cordones de los zapatos lo haga porque quiere estar con ellos y enseñarles que Jesús murió para salvarlos».

Quizá había estado demasiado ocupada o cansada limpiando las narices de mis propios hijos como para darme cuenta de que había estado colaborando en la iglesia a regañadientes y por culpabilidad. Cualquiera sea el motivo, sabía que mi amigo tenía razón. No estaba sirviendo al Señor como él (o yo) quería. Dios quería que lo sirviera en integridad y con buenas motivaciones, no por culpabilidad. Cuando me di cuenta de esto, inmediatamente empecé a cambiar mi acercamiento a los ministerios que Dios ponía en mi camino. Quité de mi vocabulario la frase «tengo que». Aunque todavía sufro, ocasionalmente, los efectos de haber servido por culpabilidad durante muchos años, estoy empezando a comprender que a Dios le importan mucho nuestras actitudes y motivaciones. Soy prueba viva de que la lucha contra las motivaciones impuras es tan difícil como tratar de no subir de peso.

Espero que no le haya causado confusión. En el capítulo siete, expliqué el concepto de servir a Dios siempre que nos llame, dondequiera nos lleve pero fíjese en la gran la diferencia de lo que he explicado aquí. Haga la prueba con distintos ministerios, incluso con los que piensa que no le van a agradar. Pero si no puede servir eficientemente, con el amor de Cristo, y el Señor sabe que usted diligentemente ha intentado hacerlo, le suplico que se retire antes que alguien salga herido. Puede ser hora de que usted avance y deje atrás la culpabilidad. Servir al Señor por culpabilidad es un ministerio falto de integridad. Puede dañar el testimonio del evangelio a las personas a quienes está sirviendo.

Dios nos llama a algo más que una obligación humana

Durante muchos años, cada jueves por la noche, mi hijo recitaba la frase: «Para cumplir el deber por la patria y para obedecer la ley de los Boy Scout» como parte de la declaración de fe en sus reuniones de tropa. Escuché esta declaración de fe por muchos años, y despertó en mí el interés de saber por qué la gente hace obra voluntaria. Me preguntaba si los motivaba el deber, la obligación, la responsabilidad o alguna otra cosa.

Mi curiosidad se incrementaba también al encontrarme con más y más buenas personas no cristianas que servían a los demás como voluntarias. Algunas estaban motivadas a servir porque era lo debido, otras porque temían un mal karma si no lo hacían y otras sencillamente porque les hacía sentir bien. De modo que decidí entrevistar al doctor Roger Sperry, el laureado Nóbel, en medicina y fisiología, por la teoría del cerebro derecho y el izquierdo. Debido a que era un humanista reconocido, quise conocer su racionamiento científico acerca del servicio a los demás. Esperaba que me pudiera sacar de la confusión acerca de las motivaciones subyacentes del servicio humano.

La charla con el doctor Sperry fue mi primer encuentro, de cerca y personal, con algunos de los principios básicos del humanismo secular. Él estaba muy preocupado porque nuestro planeta está cercano a un colapso total. Consideraba que el mundo es casi inhabitable por la intensificación nuclear, la explosión demográfica, la pérdida de la capa superior del suelo, y el daño a las selvas y a la capa de ozono. Dijo que la preocupación por lo que ocurre con otros seres humanos, y la satisfacción de sus necesidades, debe venir de un sistema de valores científico en el cual el servicio es una receta para la supervivencia, la dominación y la continuidad. En otras palabras, es nuestro deber ser servicial a los demás para promover la supervivencia de las especies y la tierra.[4]

Como creyente en Cristo en desarrollo, tuve que analizar cuidadosamente lo que él me había dicho. Sabía que muchos organismos en este mundo ayudan a otros miembros de su especie. La abeja melífera, por ejemplo, trabaja constantemente para asegurar la supervivencia del panal. El pez espina macho deja de alimentarse, casi hasta la inanición, mientras protege al nido y a sus ocupantes de la futura generación. ¿Y qué de los humanos? ¿No debemos nosotros dar más que las otras especies? ¿Y qué de los cristianos? ¿No nos dio Jesús una guía específica para incentivar nuestra motivación de amar cuando dijo: «Así como yo los he amado, también ustedes deben amarse los unos a los otros»?[5]

Al escuchar al doctor Sperry expresando las razones científicas para el servicio, comprendí que mis motivaciones a menudo habían sido satisfacer obligaciones y cumplir responsabilidades, en vez de mostrar el amor de Jesús a los demás. Empecé a darme cuenta de que ciertas veces había estado sirviendo por una motivación humanista a pesar de que profesaba creer en Dios, en Jesús y en el Espíritu Santo. Fue una revelación que me llevó a examinar mis motivaciones para el servicio.

Motivaciones puestas bajo una lupa

¡Cuán rápidamente podemos desviarnos de andar en integridad! A veces, la hipocresía es intencional: lo sabemos y no nos importa. No obstante, por lo general, una mujer que quiere seguir los propósitos de Dios no anda en integridad por no controlar diligentemente su vida en busca de indicios de hipocresía. Puede llegar a estar felizmente inconsciente de sus motivaciones impuras.

A menudo, me imagino a Dios buscando mujeres íntegras que cumplan sus propósitos en el mundo. Casi como si tuviera una lupa, él nota cada uno de nuestros disfraces hipócritas. Dios ve cada engaño. Él ha planeado para nosotras una vida mucho más honorable y completa de lo que a menudo ve.

Como ya he dicho, Dios puede usar el peor de los pecadores, el menos auténtico, para cumplir su obra. Creo que lo que Dios más quiere, es hacer su obra por medio de mujeres que reflejen pureza de corazón. Más que nada, quiere estar unido en propósito con mujeres que dicen la verdad y cumplen sus compromisos.

EXAMEN PERSONAL PARA ANDAR EN INTEGRIDAD

¿Cómo podemos llegar a ser mujeres de integridad? Lo más importante: la integridad requiere que analicemos de cerca lo que nos motiva a hacer las cosas. ¿Es nuestra motivación, por ejemplo, impresionar a alguien, obtener la simpatía de alguien, evitar la vergüenza o hacer que la gente nos quiera? Necesitamos aprender a examinar las motivaciones de todo lo que hacemos, desde la consejería hasta el trabajo que hacemos como miembro de un comité, desde la colaboración voluntaria en un salón de clases hasta la visita a un vecino solo. Examinamos nuestras motivaciones al preguntarnos con regularidad: «¿Por qué estoy haciendo esto?»

Este proceso puede suscitar profundas e inquietantes preguntas acerca de nuestra integridad, tales como: ¿Por qué motivo quiero que Dios me revele el propósito para mi vida: para poder jactarme? ¿Fue por chisme, que le pregunté a mi vecino si tenía una necesidad de oración? ¿Me valí de halagos para salirme hoy con la mía? ¿Compré ese regalo de cumpleaños caro para mi hijo porque me siento culpable de no estar más tiempo en casa?

> *A cada uno le parece correcto su proceder, pero el Señor juzga los motivos.*
> (PROVERBIOS 16:2)

«¡Alto! —dice usted—, ¿verdad que no soy tan mala?» De acuerdo, no lo es, pero todas somos susceptibles a esas falsas motivaciones que nos desequilibran.

Por medio de estas reflexivas preguntas —y a veces dolorosas— aprendemos a ser sinceras. Cuando aprendemos a examinar a fondo nuestro corazón, nos convertimos en mujeres de carácter más profundo. Cuando descubrimos ciertos aspectos de hipocresía y damos pasos hacia la integridad, profundizamos nuestra relación con Dios, y esa es la mejor manera de reanudar nuestra jornada hacia el propósito.

Desde luego, hay veces en que *no* tenemos necesidad de hacernos preguntas para analizar nuestras motivaciones. Hacemos lo que tenemos que hacer sencillamente porque es necesario. Creo que los deberes, como limpiar el baño, planchar, limpiar la casita del gato, cortar el césped o sacar la basura son de esta categoría. Cuando le toque cumplir una responsabilidad de esta categoría, puede hacerlo amorosamente o a regañadientes, pero no tiene que pasar mucho tiempo pensando en sus motivaciones para hacerlo.

El impacto de la integridad

Cuando estemos decididas a aprender a ser mujeres de integridad y de puras motivaciones, no solamente empezaremos a pensar en forma distinta, también actuaremos, hablaremos, oraremos y serviremos de otra manera. Una mujer íntegra puede mirarse al espejo y decir: «Soy quien digo que soy». Será capaz de alzar la cabeza y mirar de frente a los demás. No tendrá una gemela malvada oculta, lista a lanzarse y aprovecharse de alguien, proteger su territorio o manejar la vida de los demás. ¡Qué sentimiento de alivio y libertad! No más necesidad de esconderse, de hacerse ver o de sentir culpabilidad. No más agotamiento debido a secretos, motivaciones ocultas, presunciones vanas, ambiciones egoístas ni vergüenza. Vale la pena el esfuerzo aunque sea solo por esa serenidad.

Como una mujer que camina en integridad, usted es ejemplo para sus hijos, sus amigos, sus vecinos y otros que tienen mucha necesidad de ejemplos de autenticidad y sinceridad. Usted detendrá las mentiras, el engaño y la hipocresía. Le explicará a su hijo adolescente la razón por la cual no debe aprovecharse de sus amigos con fines egoístas. Usted tendrá el privilegio de aconsejar a una amiga que esté siendo atraída por la tentación de «vuélvete-rica-pronto». Será luz para algunos miembros de su muy ocupado equipo de ministerio, miembros que se han olvidado de que Jesús es la razón por la cual sirven.

Mi motivación para ir a Calcuta

Recientemente, como parte de mis esfuerzos por andar en integridad con el Señor, decidí reconsiderar lo que me motivó a ir a Calcuta a servir al Señor. Ya sabía que algunas de las razones de mi viaje eran que estaba triste, confundida, sola, aburrida y quería obtener algunas repuestas a las preguntas de la vida. Eso era cierto, pero no era toda la verdad.

Lo demás incluía lo que escribí en mi diario espiritual durante ese tiempo. Escribí que necesitaba en mi vida pasión, dramatismo y emoción. Fui, en parte, para que mis amigos y colegas me admiraran, y para obtener atención y reconocimiento. Había perdido varias de las funciones que me daban ese estímulo y, francamente, extrañaba esa motivación. También escribí que había hecho ese viaje con la curiosidad de un entrevistador, un investigador y un observador; pero me había convecido por mí misma de que había ido como una desinteresada misionera.

Al aclarar mis motivaciones después de los hechos, comprendí por qué no había sido capaz de hacer todo el trabajo que había para mí. Mis motivaciones erróneas me habían convertido en la enorme cristiana fallida que volvió a casa, y habían provocado que tanto yo como los demás experimentáramos una buena dosis de estrés. Desde entonces, he aprendido a aclarar y purificar mis motivaciones antes de servir.

Sírvele de todo corazón y con buena disposición, pues el Señor escudriña todo corazón y discierne todo pensamiento. (1 CRÓNICAS 28:9)

LA GUÍA DEL VIAJERO PARA ANDAR EN INTEGRIDAD

Las siguientes sugerencias tienen como fin ayudarle a evaluar su integridad y clasificar sus motivaciones mientras busca y lleva a cabo los propósitos de Dios en su vida. Dedique todo el tiempo necesario para completar cada paso.

Pídale a Dios un ejemplo específico

Pídale a Dios que le muestre un ejemplo específico de cuando usted actuó engañosamente como Judas, que con un beso traicionó a Jesús, o como los fariseos, que eran hipócritas. ¿Le hará recordar la vez que habló por teléfono con su más dulce voz para aparentar ser simpática cuando realmente estaba furiosa por dentro? ¿Le ayudará a recordar su ofrecimiento de orar por alguien para impresionar a los demás con su santidad? Colóquese el cinturón de seguridad para este ejercicio. Puede llegar a ser bastante violento.

Luego, como cuando trata con algún otro pecado, confiéselo al Señor y arrepiéntase. La confesión a Dios de una motivación impura puede ser humillante si no tiene presente la gracia de Dios, gracia que siempre está a su disposición. Si ha estado viviendo una vida fragmentada por mentiras e hipocresía, confíe en que Dios se alegrará de que usted quiera hablarle de ello. Permita que la transforme. Deje que le dé uno de sus regalos más grandes: la sanidad de su quebrantado corazón.

Pídale detalles a una amiga

Una vez que haya pedido perdón, el arrepentimiento requiere que usted establezca ciertos límites en esta área. Busque una persona de confianza, alguien con quien usted se sienta cómoda al conversar, y que esté dispuesta a discutir éste y otros asuntos relacionados al crecimiento espiritual. Programe al menos una conversación franca acerca de la integridad, la autenticidad y la hipocresía. Conversen en detalle acerca de algunas de las motivaciones con las que cada una tiene que lidiar. Planifiquen ofrecer sus debilidades a Dios. Pídanle que quite toda hipocresía de sus vidas.

Ponga en manos de Dios sus motivaciones impuras

Muchas de mis motivaciones se hubieran beneficiado de una regla que escuché una vez en un parque de juegos infantiles: «¡Me toca hacerlo de nuevo!» Menos mal que Dios nos da la oportunidad de «hacerlo de nuevo». Si usted tiene una motivación favorita poco saludable, como lástima, beneficio o recompensa, ofrézcale esa motivación impura a Dios para que la purifique. Al hacerlo, estará mejor equipada para cumplir sus propósitos, y será menos susceptible a cumplir sus propósito por razones equivocadas.

De modo que permítame hacerle algunas preguntas personales al respecto: ¿Por qué motivo quiere que Dios le dé un propósito importante en la vida? ¿Es para desarrollar una buena reputación, para sentirse bien por lo que es capaz de llevar a cabo, para calmar su soledad o para satisfacer su curiosidad? ¿Cómo se comparan sus motivaciones con las de Dios para asignarle un propósito específico en la vida? ¿No lo hace porque la ama, porque confía en usted y quiere que sea como Jesús? ¿No espera él lo mismo de usted: que lo ame, que confíe en él y que quiera ser como Jesús? Dedique tiempo en su agenda esta semana para ofrecer a Dios cualquiera de sus motivaciones impuras relacionadas con su propósito, su ministerio o su misión en la vida.

LIBROS RECOMENDADOS ACERCA DE MOTIVACIONES E INTEGRIDAD

A Life of Integrity: 12 Outstanding Leaders, Raise the Standard for Today's Christian Men [Una vida de integridad: 12 Líderes sobresalientes elevan las normas de los hombres cristianos de hoy], por Howard Hendricks [6]

The Real Deal Workbook [El Manual del verdadero trato], por Dan Webster [7]

Es hora de practicar la integridad

¿Tomará este siguiente paso hacia Dios y el propósito para su vida: *andar en integridad, no en hipocresía*? El Señor quiere usar mujeres que lleven una vida examinada. No hay duda de que llevar una vida de integridad y autenticidad es un arduo trabajo. Pero ni siquiera podemos imaginarnos cuánto Dios espera que demos este paso en la vida.

Si nadie le ha hablado de la integridad y las motivaciones, es razonable que no haya tratado estos asuntos. De modo que si Dios todavía no le ha dado una misión valiosa e inspiradora, sería buena idea que haga un examen de este aspecto de su vida. Pero no se asuste. Puede haber muchas otras razones para la demora. La demora en recibir una visión de Dios podría ser debido a su necesidad de preparación en ciertas capacidades o relaciones, el tiempo perfecto de Dios para su vida o porque él está preparando el corazón de las personas a quienes la va a enviar para servir.

¿Está dispuesta a ser una mujer piadosa? ¿Está ansiosa de pesar lo bueno y lo malo de sus pensamientos y acciones? ¡Que hoy sea el día en que comience a pedir a Dios que la ayude a andar en integridad! Que éste sea el día en que examine sus motivaciones. No deje que termine sin reconocer ante Dios una motivación impura. No apoye la cabeza sobre la almohada esta noche, hasta que se haya comprometido a cambiar lo que ahora sabe que tiene que cambiar. Si hace ese compromiso, presiento que va a suspirar aliviada cuando se queda dormida.

SABIDURÍA DE DIOS PARA EL CAMINO

El paso de vida de «Miriam»: Andar en integridad, no en hipocresía

Para aprender una lección de lo que le ocurrió a Miriam, la hermana de Moisés, lea Números 12. Miriam tenía envidia de la influencia y el poder de Moisés. Dios lo sabía. En vez de ser humildemente sincera con Dios y confesar su envidia, su orgullo herido la hizo criticar a la esposa de Moisés. Sus motivaciones eran desacreditar a Moisés e intentar sentirse mejor respecto de sí misma, causando que la gente piense lo peor de él. Dios trató severamente con estos esfuerzos envidiosos y egoístas de deshonrar a su mensajero escogido.

¿Cuál es una de sus motivaciones ocultas e impuras, que esconde detrás de una cortina de humo? Si no puede pensar en ninguna, el Salmo 139:23,24 es una buena oración para pedir la inspección de Dios: «Examíname, oh Dios, y sondea mi corazón; ponme a prueba y sondea mis pensamientos. Fíjate si voy por mal camino, y guíame por el camino eterno».

Preguntas personales para el camino

1. Piense en alguna vez, en que por falta de integridad engañó, sintió envidia, chismeó, encendió intrigas, actuó con malicia, hizo falsos halagos, traicionó, ocultó sus maldades, fue hipócrita, tuvo una vana presunción, mostró una ambición egoísta o cometió otro pecado. Hable con Dios acerca de esa situación y cómo se siente. Pídale que la perdone, si no lo ha hecho.
2. Oswald Chambers nos hace recordar que examinemos lo que nos motiva a servir al Señor. Él pregunta si servimos en agradecimiento a Cristo porque murió para salvarnos:

   > ¿Está usted sumamente cansado debido a la forma en que ha estado sirviendo a Dios? Si es así, renueve sus deseos y su afecto. Examine sus razones para el servicio. ¿Se basa usted en su propio entendimiento o halla su fuente de fortaleza en la redención de Jesucristo?[8]

   ¿Qué de usted? ¿Cuál es su principal razón para servir? Piense a fondo en la razón de su servicio. Considere la compasión y la humildad con que Jesucristo sirvió a los demás; pero ante todo, medite en su amor y su desinteresado sacrificio en la Cruz.
3. Para comenzar a llevar una vida más íntegra, aproveche esta oportunidad para preguntarse acerca de sus motivaciones para cualquiera de las cosas que acostumbra hacer, como dar un regalo, preguntar sobre una necesidad de oración, ir a una reunión social, ofrecer ayuda a alguien, apoyar una causa, dar un discurso, ser voluntaria en la oficina de la iglesia o hacer una gran compra. En su diario o cuaderno, haga una tabla sencilla como esta:

Mis motivaciones puras	Mis motivaciones impuras

4. ¿Qué piensa acerca de su lista de la pregunta 3? Confiese cualquier hipocresía y pídale a Dios que infunda en su corazón pasión por la integridad.

NOTAS

1. (p. 122) Charles Swindoll, *Rise and Shine: A Wake-Up Call* [Levántate y resplandece: Un llamado a despertarse], Portland, Ore., Multnomah, 1989, 190.
2. (p. 123) Mateo 23:27–28.
3. (p. 124) Hageo 2:14–15.
4. (p. 127) Entrevista personal con el doctor Sperry del Instituto Tecnológico de California, Pasadena, California, 19 de octubre de 1987. (Roger Sperry era profesor emérito de psicobiología y un pionero veterano en investigación científica del cerebro. Los descubrimientos del doctor Sperry acerca de los dos hemisferios del cerebro y sus funciones respectivas le dieron el Premio Nóbel de Medicina y Fisiología en 1981. Su libro sobre el tema fue publicado en 1983. Murió en 1994).
5. (p. 127) Juan 13:34.
6. (p. 131) Howard Hendricks, *A Life of Integrity: 12 Outstanding Leaders Raise the Standard for Today's Christian Men* [Una vida de integridad: 12 Líderes sobresalientes elevan las normas de los hombres cristianos de hoy], por Sisters, Ore, Multnomah, 2003.
7. (p. 131) Dan Webster, *The Real Deal Workbook* [El manual del verdadero trato], Authentic Leadership, Inc. 550 Old Orchard Road, Holland; www.authenticleadership.com
8. (p. 133) Citado de «En pos de lo supremo» por Oswald Chambers, editado por James Reimann, copyright © 1992 por Oswald Chambers Publications Assn., edición original copyright © 1935 por Dodd Mead & Co., renovado en 1963 por Oswald Chambers Publications Assn., Ltd., y usado con permiso de Discovery House Publishers, Box 3566, Grand Rapids, MI 49501. Derechos reservados.

Quinta parte

Corra al *encuentro de* Jesucristo

El propósito de Dios de *Adoración* para usted: Glorificarlo con su vida

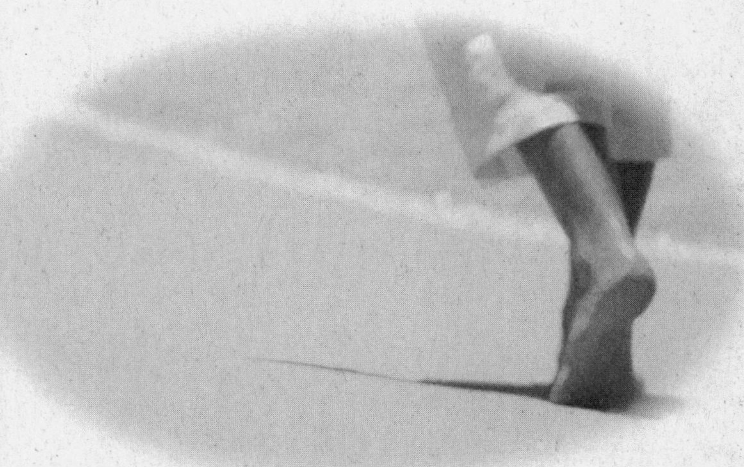

Capítulo 9

ESPERE QUE SE CUMPLAN LOS DESEOS DE SU CORAZÓN

Deléitate en el SEÑOR, y él te concederá los deseos de tu corazón.
(SALMO 37:4)

A muchas mujeres, el siguiente paso les parecerá un gran alivio. Quizá, se encuentre cantando y alabando a Dios al rozar la piedra: *espere que Dios le dé los deseos de su corazón.* Pero puede comenzar a crecer en usted un malestar que no comprende. Tengo algunas ideas de lo que puede estar ocurriendo; de modo que antes de continuar nuestro viaje en el camino hacia el propósito, vamos a dedicar un tiempo para revisar la causa de este inesperado cambio emocional.

Al considerar este paso puede descubrir algunos profundos sentimientos conflictivos en su interior. ¿Siente por un lado que quiere dar un salto hacia esta piedra, y ver las cosas maravillosas que Dios le tiene preparadas, pero a la vez teme terminar desengañada? Quizá sienta emoción ante la posibilidad de recibir los deseos de su corazón, pero luego descarta ese pensamiento, aludiendo: *A lo mejor, Dios no me dé lo que deseo de veras.*

Tal vez, se encuentre pensando: *Quizás esta piedra realmente no es de Dios. ¿Qué tal si es una de las trampas de Satanás para persuadirme a desear las recompensas del mundo? Por si acaso, quizá deba pisar esta piedra lo más leve y rápidamente que pueda —como si fuera arena caliente— para no quemarme.*

Usted pudiera tener otras persistentes inquietudes. Si es sincera consigo misma, puede que tenga que admitir que sus deseos más profundos tienen más que ver con su propia satisfacción que con los propósitos de Dios y la santidad. Quizá, le parezca que no se merezca recibir tanta recompensa.

Su pasión es inspirada por Dios

Permítame asegurarle que esta piedra *no* oculta una trampa. Esta piedra verdaderamente es tan segura como parece. El salmista David describe, en el Salmo 37:4, la naturaleza triunfante de este paso. Me agrada explicar su mensaje de esta forma:

> *Si Dios ocupa el primer lugar en su corazón...*
>
> Es decir que se deleita en el Señor, que encuentra gran placer y gozo en él, que está en una continua e íntima comunión con él y le obedece.
>
> *Dios le concederá los deseos de su corazón.*
>
> Es decir que usted recibirá el entusiasmo ilimitado de las grandes pasiones, anhelos, peticiones y aspiraciones que él ha sembrado en su corazón.

Dios quiere que usted, su hija, tenga los deseos de su corazón. (No los deseos humanos que la tientan a pecar,[1] sino los deseos que la inspiran a consagrarse a Dios).

¿Por qué cree que Dios quiere esto para usted? Es algo muy sencillo. Él es un Dios apasionado. Tiene profundos y conmovedores deseos para su Creación, y uno de ellos es tener intimidad con usted. Dios la creó para ser más feliz cuando usted se apasiona por él, tiene afecto a él y le trae la gloria a él. Él colocó deseos en su corazón antes que usted naciera; deseos de cumplir sus planes, sus propósitos, sus metas. ¡Y no ve la hora de que usted abra ese regalo!

La vida de Jesús, el Hijo perfecto de Dios, es un hermoso ejemplo de la vida que él quiere que llevemos. Cuando Jesús estuvo en la tierra demostró ser un hombre apasionado. En su corazón ardía el deseo de cumplir la obra de su Padre y cautivó al público con su mensaje audaz y apasionado. Todo lo que hizo, glorificó a Dios. La gente se congregaba a su alrededor, y su amor profundo y ferviente por ellos transformó sus vidas.

¿Puede usted dar el paso de ver a Dios como su Padre amante, su Abba Padre, que quiere sorprenderla y deleitarla con los deseos de su corazón? Le animo a considerar que Dios está esperando que reconozca y disfrute las pasiones que le ha dado. Las va a necesitar en su aventura, para los momentos de restauración personal y para cumplir la obra de Dios. Vamos a echar un vistazo, y ver las pasiones que hay en la caja de regalo que Dios amorosamente ha preparado para cada una de nosotras.

DESENVUELVA EL REGALO DE LA PASIÓN DE DIOS

La pasión refleja nuestros anhelos más profundos. Resalta la belleza que anhelamos, tales como el arte o la música, y refleja nuestra necesidad de cosas intangibles tales como la libertad o la aventura. Puede ser una expresión de nuestros impulsos más importantes. Para dar un ejemplo, una pasión por ser detective o por armar rompecabezas puede ser la expresión de un impulso de resolver problemas. La pasión puede ser tan poderosa que pudiera parecer que tiene vida propia. En forma espontánea, nos puede llevar a perdernos durante horas en un mundo fascinante donde al parecer se ha detenido el tiempo.

Entonces, ¿cómo son los deseos de *su* corazón? ¿De qué forma se manifiesta su mayor pasión; como un hobby, una afición por las miniaturas, el baloncesto, montar a caballo o las computadoras? ¿Tiene que ver con su carrera una afición a las leyes, a las ventas, a la medicina o a la literatura? ¿Es reflejada en su trabajo como voluntaria de ciertos grupos o causas, tales como madres solteras, internos de prisiones u hospitales, rescate de animales, indigentes o analfabetos? ¿Se expresa en algún tipo de instrucción: una clase de aeróbicos, lecciones bilingües, un curso de defensa propia o un programa de recuperación? ¿Se realiza mejor a través de alguna contribución que le gustaría hacer a la sociedad, a la educación o a la política? ¿O es simplemente parte de su vida, como el anhelo de casarse, de viajar o de vivir en la ciudad?

> *¿Qué cosa le sale tan bien que disfrutaría sin recibir pago alguno? ¿Cuál es su pasión, esa chispa que necesita apenas una leve brisa para encender un fuego abrasador?*[2]
>
> BOB BUFORD

Sea cual sea su pasión, Dios le dio el regalo de la pasión, y la puso como mayordoma de la misma. De modo que tengo una pregunta para usted: ¿Por qué no vivir con los deseos y propósitos que fueron la intención del Creador? Dios quiere usar cada fibra de su ser, incluso las pasiones que escogió para su vida y que han despertado en usted. Él quiere que sus pasiones estén vivas y alertas, y disponibles para cuando quiera usarlas para sus propósitos. Tal vez, ya sea hora de dar el paso que reemplazará el trabajo monótono y la apatía con un encendido entusiasmo por la vida.

Este es el primer paso que hemos dado en el camino hacia el propósito, que se puede comparar con volar como las águilas.[3] Es la oportunidad en la vida de bailar, reír, jugar y experimentar aquello que le acelera el pulso. Cuando abraza totalmente este paso, y comprende que Dios ha colocado buenos deseos en su corazón, puede borrar la indecisión y el temor de embarcarse en una misión que no sea ordenada por Dios. Este paso responde a las preguntas de siempre, como ser: *¿Por qué Dios permite que yo, una gran pecadora, haga lo que le encanta hacer? ¿Qué pasa si Dios no aprueba mis deseos más profundos? ¿Qué si debería estar haciendo algo que no me agrada en vez de esta tarea divertida?*

> *El éxito [léase pasión] significa despertar en la mañana, quienquiera sea, dondequiera esté, sea anciano o joven, y levantarse de un salto porque hay algo en la vida que le encanta hacer, algo en lo cual tiene fe, algo que le sale bien, algo grande y significativo, y no ve la hora de lanzarse a hacerlo también hoy. Es lo que más prefiere estar haciendo. No lo dejaría por dinero, porque para usted significa más que dinero.*[4]
>
> WHIT HOBBS

Pero aun más importante, este paso despertará su hambre por Dios. Cuando evalúe los deseos de su corazón, lo reconocerá como el deseo más apasionado de su corazón. Usted se enamorará profundamente de él. Cuando comprenda que Dios, quien la formó en el vientre de su madre, también colocó sus deseos en su corazón, recordará la magnífica inversión que ha hecho en usted. Ese único hecho hará que lo adore, que le agradezca y que anhele más de su presencia y sus propósitos.

La vida conforme a los deseos de su corazón no hará que desaparezcan las pruebas, los obstáculos y los desafíos. No obstante, lo que el regalo de la pasión de Dios hará por usted, es darle la libertad de vivir sin la culpabilidad o la inseguridad de lo que debe o no debe hacer para agradar a Dios. Si sencillamente hace lo que él ha diseñado para usted, hallará significado sin medida. Tendrá un sueño por el que luchar, un destino para completar, un Dios a quien servir, una gran sinfonía a la cual asistir. ¡Disfrute, pues, del regalo de la pasión de Dios, y qué comience la música!

UNA PASIÓN ABRASADORA

Durante miles de años, Dios ha estado aprovechando las pasiones de las mujeres para llevar a cabo sus propósitos. A Miriam le apasionaba el canto,[5] a Dorcas le encantaba la costura [6] y Ana sentía pasión por la oración y el ayuno.[7]

Rut fue una viuda que tenía pasión por la familia.[8] ¡Se volvió a casar y llegó a ser la bisabuela del rey David y antecesora de Jesús! ¿Quién sino Dios puede valerse tan efectivamente de los deseos del corazón de una mujer para su servicio? Podemos estar agradecidas porque sigue haciendo lo mismo hoy.

Algunas mujeres, amigas mías, han dedicado sus pasiones al servicio de Dios. Una de ellas coordina un ministerio de motociclistas. Es directora de recursos humanos en una empresa y se relaciona fácilmente con toda clase de gente, aprecia las amistades y le interesa conocer la historia de las personas con quienes se encuentra. Ella y su esposo comparten la afición por las motos y la vida al aire libre. Todo esto influye para que pueda hablar del Señor a los motociclistas.

A otra de ellas le encanta la gente de Asia y dirige viajes de evangelización a la China. A una le apasiona la justicia y es voluntaria en un centro de refugio para mujeres maltratadas. Otra toca el piano en adoración a Dios e inspiración para sus enseñanzas bíblicas. Otra hace bordados con las ancianas mientras les relata historias de Jesús. Otra hasta sueña, desde hace mucho tiempo, con restaurar una casa victoriana para usar como un centro de retiro para pastores y sus esposas.

Esta es una de mis favoritas. A Julia le encanta esquiar y también servir al Señor en el ministerio para niñas adolescentes. Cuando la invitan a hablar en un retiro para niñas adolescentes en algún centro vacacional de esquí, se da cuenta del gran amor de Dios por las jovencitas que no conocen a Cristo. Su corazón rebosa de alegría cuando en medio de la diversión puede hablar de Dios con una adolescente y explicarle acerca del poder de Dios para transformar su vida. ¿Quién sino Dios puede haber imaginado un ministerio de esquís y discipulado? Solamente él puede dirigir algo tan extraordinario.

En sus triunfos, estas mujeres han sentido la emoción de servir a Dios, y le han dado toda la gloria a él. Se han regocijado en su amor y su dirección. Han rendido sus fuerzas y sus esperanzas a su Padre celestial para que él haga su voluntad. Se han enfrentado a la adversidad, han arriesgado todo y se han entregado al máximo para cumplir sus sueños apasionados.

¿En qué etapas de su vida se ha manifestado su pasión? Cuando era niña, ¿tenía afición por criar un animal, leer historias de detectives o dibujar? De adolescente o joven, ¿luchaba por asuntos del medio ambiente, jugaba al voleibol u obtenía las mejores calificaciones en la escuela? Como mujer adulta, ¿ha sido su mayor deseo tener un hijo, ayudar a alguien con necesidad de un hogar o enseñar inglés como segundo idioma? ¿Qué ha hecho con estas pasiones? Dios se las dio con un propósito, para que sean usadas para su gloria y sus planes. ¿Se unirá a él para cumplir ese propósito?

¿Qué? ¿No tiene pasión?

Es posible que haya sido inquietante para usted este sondeo de las pasiones dadas por Dios. Puede parecer una muy buena idea, pero quizá esté pensando: *Una vez tuve una pasión, pero la he perdido. ¿Qué quiere Dios que haga para recuperarla?*

Antes que nada, ¡tranquilícese! Todas pasamos por tiempos áridos y temporadas difíciles en la vida, cuando nuestras pasiones quedan en suspenso. Terri, por ejemplo, se deleita en tomar fotografías en blanco y negro de personas, lugares y cosas fuera de lo común. Cuando tiene una cámara fotográfica en la mano, siempre dice: «¡Esto es lo mejor de la vida!» Pero recientemente ha tenido que tomar decisiones difíciles respecto de la fotografía y las necesidades de su familia, su ministerio en la iglesia y su carrera. Debido a su fanatismo por la fotografía tuvo conflictos con sus compromisos prioritarios. Las circunstancias de la vida la han forzado a dejar por un tiempo la fotografía, pero probablemente volverá a dedicarse a esta pasión cuando las cosas se normalicen.

Dios que la creó y vela por usted, ve todo lo que está ocurriendo en su vida. Él conoce sus obligaciones y compromisos, y por qué tuvo que suspender por un tiempo sus pasiones. Pero él sabe más que eso. Dios sabe cuándo el temor, la culpabilidad, los sueños frustrados, la fatiga, un corazón destrozado o las duras responsabilidades pueden estar perdiendo de vista los deseos de su corazón. Él sabe si usted está tan abrumada que ni siquiera puede pensar en ellos. Si este es su caso, pídale a Dios que por su infinita misericordia la atraiga hacia él, para sanarla, fortalecerla y ayudarla a confiar más en él. Pídale que la lleve —cuando sea su tiempo— del lugar desapasionado donde se encuentra en este momento a un lugar apasionante de gran gozo para usted.

Cuando la pasión se desvanece

Debbie, una de mis clientes, se despertó una mañana sin deseos de pasear en bote ni hacer esquí acuático. La falta de interés la sorprendió porque esas actividades eran su pasión, algo que había hecho con mucho entusiasmo cada dos fines de semana durante los dos veranos pasados. Intentó divertirse en los paseos siguientes, pero no sentía ningún dinamismo. Para ella, la emoción de los deportes acuáticos se había desvanecido.

¿Por qué este cambio repentino? Quizá, porque ya había sido satisfecha la necesidad de ese emoción. Recientemente había cumplido los treinta y un años, de modo que tal vez había madurado y superado esa etapa. Pero después de varios encuentros, Debbie y yo descubrimos una razón más compleja para su repentina falta de interés.

A Debbie le gustaban los deportes acuáticos, porque se sentía muy bien destacándose en algo. Estaba orgullosa de sus logros y disfrutaba al ser admirada por sus amigas. La recompensa personal que ofrecía su pasión era tan satisfactoria que nunca pensó en mirar más allá de su emoción. No intentó conectar su pasión al resto de su vida aplicándola a sus funciones diarias o a la visión de Dios para su vida. Se aferró a su pasión únicamente por placer, y perdió el privilegio de aprovechar su pasión para provecho de la obra de Dios.

No es de sorprenderse que Debbie perdiera la pasión. El fuego de la pasión estaba condenado a apagarse, porque no había conexión entre su pasión y los propósitos de Dios para ella. Su pasión por los deportes acuáticos nunca la llevó a seguir a Dios de todo corazón, como enseña la Biblia.[9] Mientras se desvanecía su pasión, Debbie se preguntaba por qué estaba experimentando aquella apatía, sensación de vacío y aburrimiento. Me preguntó: «¿Es el esquí acuático todo lo que hay en la vida? ¿Qué se supone que deba hacer ahora?»

¿Cómo llenará el vacío de la pasión?

Las preguntas que me hizo Debbie revelan cuán esencial es la pasión en nuestra vida. Sin la pasión ordenada por Dios, somos vulnerables a un sinnúmero de resultados negativos. En sus escritos, el doctor Viktor Frankl describe como «vacío existencial» al aburrimiento y vacío de una vida sin pasión. Ha identificado una afección especial, denominada «neurosis del domingo»; ésta es una clase de depresión que se presenta cuando una persona ha pasado el ajetreo de la semana laboral y al llegar el domingo siente dentro de sí el verdadero vacío de su vida. La siguiente es una exposición de algunos de los peligros inherentes que enfrenta una persona sin un propósito apasionado:

> Les persigue la experiencia de su vacío interno, un vacío dentro de sí mismos . . . Muchos de los casos de suicidio ocurren debido a ese vacío existencial. Los fenómenos generalizados como la depresión, la agresión y la adicción no son comprensibles si no reconocemos el subyacente vacío existencial.[10]

La falta de pasión pronto puede convertirse en un grave problema, especialmente si intentamos llenar ese vacío con pasiones no saludables. No se puede negar la fuerza imperiosa y atractiva de las pasiones por las apuestas, el licor, la pornografía, el gasto excesivo, la glotonería, el adulterio o las drogas. Incluso los vicios al parecer inocentes como las novelas televisivas, las compras constantes, las continuas conversaciones telefónicas y la limpieza obsesiva de la casa pueden ser formas destructivas de alimentar una necesidad insatisfecha de verdadera pasión. Si queremos de veras recibir los deseos de nuestro corazón y descubrir el propósito de Dios, tenemos que protegernos del poder seductor de las pasiones no saludables.

Al tratarse de pasiones no saludables, tenemos que ejercer discernimiento. A veces, representan la necesidad de amortiguar dolor o son un escape emocional. Otras veces, tienen que ver con la necesidad de control o una satisfacción instantánea, o con la imprudencia o el egoísmo. A menudo se basan en un sentido de derecho, una actitud de: *Yo me lo he ganado. Me lo merezco.* Muy a menudo son simplemente un intento de llenar un vacío, que solo Jesucristo puede llenar, con el sentido y propósito que él le da a la vida.

Si está luchando en este aspecto, deje que las pasiones saludables, dadas por Dios, la protejan contra las pasiones no saludables. Dígale a Dios que quiere las pasiones infundidas por el Espíritu, no las dañinas que a usted le podrían importar. Si cambia de enfoque, estará ocupada toda la vida. ¡Ni siquiera tendrá tiempo de buscar salidas insalubres!

Sea que usted esté atravesando un tiempo lleno de pasión o privado de pasión, recuerde siempre medir sus pasiones con su sistema de valores, su dinámica familiar y su fe cristiana. Mediante la oración y el examen personal sabrá si sus pasiones están en línea con las prioridades que Dios le ha dado.

> *Las mujeres le dan más importancia a lo que se inscriba en su lápida, lo cual no es precisamente «Trabajó para IBM».*[11]
> LYNN MARTIN, PRIMERA SECRETARIA DEL TRABAJO

TENGA EXPECTATIVAS DE LO QUE DIOS HARÁ

Dios sabe que los mejores ministerios de la vida, a menudo, incluyen varios aspectos de la pasión de una mujer. Por ejemplo, mis cinco principales pasiones son que tengo un gran corazón por las mujeres, me encantan los misterios de Sherlock Holmes, no me canso de armar rompecabezas, deseo ardientemente tener un propósito en la vida y me encanta viajar. Por lo tanto, en su gran bondad, ¿qué perfecto propósito preparó Dios para mí? Ayudo a mujeres a armar el enigmático rompecabezas de su vida, animándolas a reflexionar en sus propósitos presentes y futuros. Y, como oradora y misionera para mujeres, viajo por todo el mundo.

Solo Dios pudo haber realizado una coordinación de mis pasiones tan perfectamente. ¿Se da cuenta de cuán importante es identificar los deseos del corazón, y permitir que formen parte de la vida diaria? No espere toda la vida para comenzar, como yo casi lo hice, a pedirle a Dios que le revele las pasiones llenas de propósito que tiene para su vida. Tome ese paso hoy. ¡Cuánto se alegrará de haberlo hecho!

LA GUÍA DEL VIAJERO PARA DELEITARSE EN LAS PASIONES

Las siguientes sugerencias tienen como fin ayudarla a encontrar y alimentar los deseos que Dios ha colocado en su corazón. Comience hoy, pero tenga cuidado de apurar el proceso. Dedique todo el tiempo necesario para descubrir sus pasiones, y ver cómo fluyen en el propósito de Dios para su vida.

Algunas sugerencias básicas para comenzar

- Para comprender claramente los deseos de su corazón, pruebe algunas de estas ideas que han sido de ayuda a muchas mujeres con el correr de los años:
- Júntese con personas apasionadas. ¡Espere que la contagien con algo de su dinamismo!
- Pregúntele a su familia y a sus amigas lo que han notado acerca de sus deseos o posibles pasiones.
- Haga algunas anotaciones breves en su diario espiritual acerca de sus momentos más alegres, sin considerar el tamaño, el alcance o la naturaleza. Pídale a Dios que le revele cualquier deseo y pasión que pueda estar relacionado con esos momentos de gozo.
- ¡Salga de su rutina! Haga algo distinto, no muy común, fuera de su rutina normal. Vamos, use esas cosas que tiene guardadas, ofrezca sus servicios voluntarios en la sociedad protectora de animales, pruebe la comida en ese nuevo restaurante marroquí, participe de un grupo de discusión de libros, hágase miembro de un equipo recreacional de deportes, dedique tiempo a visitar un hogar de ancianos o un hospital. Haga lo necesario para salir de la monotonía. ¡Inspírese a pensar más allá de su rutina diaria!

- Una vez que reconozca varias de sus pasiones, dedíqueselas a Dios y disfrute de ellas.

Cuídese de la envidia

No envidie los deseos, los sueños y las misiones apasionadas que Dios les ha dado a otras personas. Luche diligentemente contra la envidia: persígala, expóngala, ódiela, renuncie a ella y huya de ella. He descubierto que una de las mejores maneras de hacerlo es ayudar a los demás a llevar a cabo sus inspiradores sueños. Ore por estas personas, anímelas, ayúdelas, presénteselas a quienes las pueden animar, comparta sus recursos con ellas y sea su tutora.

Sueñe despierta

Esté o no preparada hoy para una nueva carrera o ministerio, dedique tiempo a pensar en algo que encienda una llama de pasión. Sueñe despierta sin poner límites. Este ejercicio le dará una perspectiva más amplia. Pídale a Dios que le muestre un deseo o una pasión que a su tiempo podría empezar a investigar.

¡Cumpla su deseo!

Experimente. Siga sus corazonadas hasta que se sienta apasionada por algo que es legítimo, moral y ético. Dedique todo el tiempo necesario al proceso. No apure el descubrimiento.

Quizá quiera trabajar de voluntaria en una biblioteca, ser entrenadora de fútbol o enseñar en una clase de la escuela dominical. Sienta libertad de echarme la culpa si alguien le pregunta por qué repentinamente está aprendiendo a decorar tortas, a practicar un baile folklórico, a ir de buceo o a pilotear un avión. Pruebe sus ideas, una por una; ¡pero no me envíe la cuenta!

Asegúrese de seguir otros deseos de su corazón, como una adopción, un cambio de carrera, un traslado o un viaje. Considere también grandes contribuciones a la sociedad que tengan que ver con los deseos de su corazón, como ayudar a prostitutas a dejar las calles, o comenzar con un programa cristiano de radio o televisión. Siga este consejo: si tiene una creciente pasión por alguna gran idea, ¡dé un paso a la vez!

LIBROS RECOMENDADOS ACERCA DE LA PASIÓN

What Color is Your Parachute? [¿De qué color es su paracaídas?], por Richard Bolles [12]
The Power of Uniqueness [El poder de la singularidad], por Arthur Miller Jr. y Hill Hendricks [13]

ES HORA DE VIVIR APASIONADAMENTE

¿Dará este paso siguiente hacia Dios y el cumplimiento del propósito de su vida: *esperar que Dios le dé los deseos de su corazón*? ¿Siente gratitud por el regalo de Dios de la pasión? ¿Comprende que una vida apasionada la acerca más a él, y que une su corazón con el de Dios?

Si ha descubierto su pasión y ha aprovechado la energía de la misma, entonces observe los espectaculares fuegos artificiales cuando Dios le muestre cómo honrar con este regalo a su familia, a su iglesia, a los vecinos y al mundo. Dios quiere valerse de todo su ser, incluso el gran deseo que usted tiene de cumplir su obra en el mundo. Si recién está empezando a descubrir su pasión, pídale a Dios que avive las llamas. Si su pasión se ha apagado, ¡pídale a Dios que le haga un electrochoque espiritual para revivirla!

SABIDURÍA DE DIOS PARA EL CAMINO

EL PASO DE VIDA DE «ANA»: ESPERE QUE DIOS LE DÉ LOS DESEOS DE SU CORAZÓN

Para aprender una lección de Ana durante este paso de su vida, lea 1 Samuel 1:1?2:11. Ana deseaba, tan apasionadamente, tener un hijo que con lágrimas abrió su corazón al Señor en oración, diciendo que si Dios la bendecía con un hijo lo dedicaría al servicio del Señor. Elí, un sacerdote que la vio orar, le dijo: «Vete en paz. Que el Dios de Israel te conceda lo que le has pedido» (1:17). Más adelante, Ana concibió a Samuel. Después de que fuera destetado, lo llevó al templo para que viviera allí. ¿Es usted tan apasionada como Ana? ¿Rendirá su pasión al Señor, para que él haga su voluntad con ella?

Preguntas personales para el camino

Divida sus pasiones en varias categorías: un pasatiempo muy agradable, un anhelo personal, un grupo (o una causa) al que desea ayudar o una contribución que le encantaría hacer. Este sencillo mecanismo le ayudará a responder la pregunta: «¿Qué la apasiona?» desde cuatro perspectivas.

1. ¿Qué *pasatiempo* la apasiona?
   - Jugar al béisbol
   - Coleccionar antigüedades
   - Pescar
   - La cocina gourmet
   - Otro: __
   - Escalar montañas
   - Hacer acolchados
   - Leer
   - Nadar

2. ¿Qué *anhelo personal o esperanza* la apasiona?
   - Una casa de campo con una verja blanca
   - La seguridad financiera
   - Un consultorio de consejería personal
   - Tener hijos
   - Casarse
   - Un contrato en una obra de teatro
   - Viajes
   - Otro: __

3. ¿Por qué *grupo o causa* tiene un dolor apasionado en su corazón?
   - Ancianos
   - Justicia
   - Especies en peligro de extinción
   - Pro-vida
   - Analfabetos
   - Selva
   - Inmigrantes
   - Desempleados
   - Otros: __

4. ¿Qué *contribución* apasionada sueña con hacer?
   - Hacer viajes misioneros
   - Evangelizar a productores de películas
   - Luchar por los derechos de los minusválidos
   - Alimentar a los desamparados
   - Fundar un coro
   - Otro: __

5. Conforme a sus respuestas a las preguntas de 1— 4, ¿en qué forma podría usar Dios una o más de sus pasiones para darle una misión única en su Reino? No hay lugar para respuestas erróneas. Deje libre su creatividad.

NOTAS

1. (p. 138) Santiago 1:14 previene: «Cada uno es tentado cuando sus propios malos deseos lo arrastran y seducen».
2. (p. 139) Bob Buford, *Halftime: Changing your Game Plan from Success to Significance* [Tiempo de descanso: Cambie su plan de juego por el éxito de la trascendencia] Zondervan, Grand Rapids, 1994, 81.
3. (p. 140) Vea Isaías 40:31.
4. (p. 140) Whit Hobbs, *I LOVE ADVERTISING* [Me encanta la publicidad] New York, Adweek Books, 1985, 14–15.
5. (p. 140) Vea Éxodo 15:20–21.
6. (p. 140) Vea Hechos 9:39–40.
7. (p. 141) Vea Lucas 2:36–37.
8. (p. 141) Vea Rut 1:16–18.
9. (p. 141) Vea Josué 14:6–15, especialmente el versículo 8.
10. (p. 143) Viktor Frankl, *Man's Search for Meaning* [La búsqueda del propósito en los hombres], Beacon Press Boston, 111– 112. 1959,1962, 1984, 1992 por Viktor Frankl. Reimpreso con permiso de Beacon Press.
11. (p. 144) Citado en Betty Morris y Ruth Coxeter, *«Executive Women Confront Mid-life Crisis»* [La mujer ejecutiva enfrenta la crisis de la mediana edad] *Fortune*, 18 de septiembre de 1995.
12. (p. 146) Richard Bolles, *What Color Is Your Parachute?* [De qué color es su paracaídas?], Ten Speed Press, Berkeley, Calif., 1978, actualizado anualmente.
13. (p. 146) Arthur Miller Jr. y Bill Hendricks, *The Power of Uniqueness* [El Poder de la singularidad], Zondervan, Grand Rapids, 2002

Capítulo 10

Rinda toda su vida a Dios en sacrificio

Por lo tanto, hermanos, tomando en cuenta la misericordia de Dios, les ruego que cada uno de ustedes, en adoración espiritual, ofrezca su cuerpo como sacrificio vivo, santo y agradable a Dios.
(ROMANOS 12:1)

Si en este punto del viaje piensa que está preparada para dar zancadas y saltos hacia su propósito, el siguiente paso la puede sorprender o incluso decepcionar. Como verá, la piedra *rinda toda su vida a Dios en sacrificio*, no es una piedra sino un montículo de pequeñas piedras. A primera vista, esta piedra desconcierta a muchas mujeres. Las he visto quedarse inmóviles, mirando confusamente a este grupo de piedras. Miran las piedras, me miran a mí y de nuevo miran las piedras. A veces preguntan en alta voz: «¿Es este realmente el camino? Las piedras son muchas y tan pequeñas. ¿Cómo me podrán llevar hacia mi gran propósito?» Créame, lo harán. El proceso de dar muchos pequeños pasos de rendición la ayudará a considerar cuidadosamente cada decisión de ofrecer su vida a Dios. Además, el tamaño de la piedra no es el indicador de lo difícil que será el paso o hasta donde la va a llevar. Una vez dados, aún los pasos más pequeños de obediencia le ayudarán a desarrollar rápidamente su fe.

No obstante, algunas mujeres se muestran reacias ante la idea de rendir su vida a Dios. Desean hacer algo por Dios que valga la pena, pero quieren controlar qué es, cuándo lo hacen y cómo será hecho. El sacrificio no tiene lugar en sus planes. Otras mujeres, sencillamente no pueden creer que Dios, en verdad, espere que le rindan cada aspecto de sus vidas. Ya que el Espíritu Santo nunca fuerza a nadie a rendirse, estas mujeres se quedan estancadas en su sitio.

Los años pasan volando mientras siguen dejando pasar las oportunidades que Dios les ofrece.

¿Qué de usted? ¿Desea dar el siguiente paso que la llevará a conocer más profundamente a Dios y los propósitos de él para su vida? ¿Se ha acercado tanto al Señor en el camino hacia el propósito que desea dar cualquier paso que él quiera? Averigüemos, pues, de qué se trata esta serie de piedras para cruzar el arroyo.

¿Por qué es muy importante rendir nuestra vida a Dios?

Simplemente, no podemos cumplir el más grande propósito de Dios sin ofrecerle nuestra voluntad y nuestra vida. Rendir la vida en sacrificio, definido como «el acto de entregar la vida o los bienes a la autoridad de otro . . . o renunciar a las metas, poder u objetivos propios»,[1] es una respuesta atenta, intencional y diaria al Espíritu Santo. Es estar de acuerdo en servir a Cristo, como nuestro Rey, sobre todo lo demás. Empieza en el momento en que aceptamos a Jesucristo como nuestro Salvador y Señor, y continúa conforme le concedemos el señorío sobre todos los aspectos de la vida, incluso la familia, el ministerio, el dinero, el hogar, el trabajo, los pasatiempos, las relaciones, la educación, los sentimientos, el crecimiento espiritual y mucho más.

La entrega en sacrificio es esencial para nuestra *santificación*, que es el interminable proceso de ser liberados del pecado y apartados para la obra de Dios y sus propósitos. Ofrecer nuestra vida en sacrificio significa aprender a vivir para un público de una sola persona, y esa es Dios. Implica darle la espalda, cada instante, a todos los ídolos de la vida. Significa que rendimos todo lo que tiene más prioridad que Dios —cualquier cosa a la que estamos fuertemente aferrados—, sea buen éxito, viajes, talentos, compulsiones, relaciones o cualquier otro ídolo de prioridad en la vida.

Si el Señor la llama a que le rinda algo, le ruego que responda. Aunque la entrega demore años, meses o un momento; aunque rinda algo físico, espiritual o emocional, le animo a comenzar a dar los pequeños pasos de rendición que Dios ha puesto en su camino. Cuando lo haga, sus ojos serán abiertos a verdades que la llevarán a rendirle aun más el control a Dios.

Si usted, por casualidad, es una mujer un poco controladora, y se inclina a resistir este paso, prepárese para escuchar la verdad. Tal vez, sea hora de recordar que toda la creación le pertenece a Dios. Nuestra vida es sencillamente un préstamo. Dios tiene todo el derecho de pedir que nos rindamos, ¡y un día hará precisamente eso! La Biblia nos dice que hasta «el abismo» anunciará que «se rinde al Señor».[3] De modo que la cuestión es si nos inclinamos a Dios ahora o más adelante.

> *La evidencia de una vida rendida a Dios es siempre la obediencia.*[2]
> RICK WARREN

Dios le ha dado libre albedrío, le ha concedido permiso a escoger cómo vivirá mientras está en la tierra y no infringirá en ello. No exigirá que se rinda ante él ahora mismo. No la intimidará para que lo haga ni tampoco le rogará. Más bien, esperará pacientemente hasta que usted le entregue, en forma voluntaria, su vida como una ofrenda preciosa.

Seguir al Señor no es un pasatiempo. Como mujeres rendidas a Dios, la principal pregunta no es: «¿Qué es lo que yo quiero?», ni siquiera: «¿Qué quiero hacer por el Señor?» En realidad, la pregunta de un corazón rendido, que ante todo anhela cumplir los propósitos de Dios, es: «¿Qué quiere el Dios del universo *para* mí y *de* mí?»

¿CÓMO NOS DEBEMOS RENDIR?

Una vez que hayamos dejado de luchar por hacer nuestra propia voluntad, y hayamos aceptado que la rendición a Dios será nuestro modo de vida, ¿cómo lo hacemos? ¿Cuándo sabemos que debemos rendir algo? ¿Cómo sabemos qué es lo que debemos rendir?

Buenas preguntas. Dios nos da oportunidades de rendirnos de distintas maneras, de modo que tenemos que aprender a reconocerlas. El Espíritu Santo siempre la inducirá a rendirse, y le dará la oportunidad de decidir cómo va a responder. Él puede darle un pequeño impulso a través de una impresión, un pasaje de las Escrituras, el comentario de una amiga, un incidente, un tiempo de dolor o decenas de otros medios. Puede revelar su mensaje mediante un pensamiento persistente, algo que se le ocurre varias veces durante el día o lo primero que le viene a la mente cuando se despierta por la mañana. ¡No se sorprenda si un impulso a rendirse a Dios le viene de la nada cuando está esperando en la lenta fila de un restaurante de comida rápida!

¿Qué de las oportunidades de rendirnos que Dios nos ofrece? Bien, Dios puede pedirle que le entregue sus metas y planes para el futuro. Puede pedirle que le confíe sus temores, sus anhelos o sus amistades. Puede pedirle que le entregue cosas tan diversas como su adicción a las golosinas, su deseo de ser popular, la creciente deuda en su tarjeta de crédito, las costumbres de su vida antigua o sus posesiones más queridas.

Le advierto que una respuesta afirmativa al Espíritu Santo en un aspecto (sea grande o pequeño) tendrá un efecto tipo bola de nieve, que la llevará a tener que rendirle a Dios territorios que usted había declarado «fuera de límite» para él. Esto ocurre porque cada pequeño paso de entrega la acerca más al tierno corazón de Dios. Cada paso de entrega amplía su visión y puede ver más claramente la perspectiva divina.

Sea consciente también de que estará haciendo algunas elecciones muy difíciles durante este paso, de modo que ¡tenga paciencia! Repito: ¡tenga paciencia! No pase ni un momento lamentándose o enojándose porque no es perfecta. ¡Nadie lo es! Pero Dios *es* perfecto, y mientras nos rendimos a él podemos contar con su amor en nuestras imperfecciones, y confiar en que nos acercará aun más a él y a sus propósitos.

La entrega de su vida en sacrificio a Dios es uno de los desafíos de fe más grande que deberá enfrentar, pero paso a paso Dios la preparará para que sea completamente suya, para estar totalmente comprometida con los propósitos de él para su vida. Al andar más cerca de Dios cada día, crecerá su confianza en el Señor de señores, y Jesús será más que suficiente para usted. Llegará el día, si todavía no ha llegado, en que el Espíritu Santo le tocará el hombro y le preguntará: «¿Entregarás ahora toda tu vida a Cristo? ¿Te someterás al plan que el Señor amorosamente ha preparado para ti?» Qué gran privilegio, que en medio de las circunstancias de la vida, se nos pida rendirle todo a Cristo.

Mi terquedad

Me duele admitirlo, pero en esto de la entrega, he sido uno de los casos más tercos que ha tratado el Espíritu Santo. He esquivado la entrega de todas maneras. He intentado ignorar los pasos de la entrega. He fingido que eran demasiado pequeños para tomarse la molestia de darlos, y otras veces me he convencido de que eran demasiado grandes para siquiera intentarlo. He resistido a Dios en cuanto a entregarle mis diezmos, mi carrera, los sueños de mi vida, este libro y mi mentalidad de *desear en comparación a necesitar*. No obstante, ninguno de éstos se compara a mis batallas prolongadas para rendir la nicotina, mi hogar, mis hijos y el azúcar.

La entrega de la nicotina

Empecé a fumar cuando era una adolescente y seguí haciéndolo durante diecisiete años. Con el tiempo me preocupé lo suficiente de lo que mi adicción implicaba para la salud, e intenté dejar de fumar. Durante cuatro años probé todo lo humanamente posible, pero nada dio resultado. Rompí cigarrillos. Los eché por el lavabo. Los destrocé con el tacón de mi zapato. Incluso me negué a comprarlos, lo cual me llevó a «gorronear» cigarrillos. ¡Qué chiste!

Logré dejar de fumar cuando me enteré de que estaba embarazada de mi primer hijo, pero volví al hábito después de que nació. (Lo siento, pero entonces no sabíamos nada acerca de los peligros de inhalar el humo.) Fue más o menos al tiempo en que mi esposo y yo decidimos asistir a la iglesia en forma regular. Un domingo, después del sermón especialmente condenatorio respecto a cambios necesarios para llevar una vida consagrada, me convencí de que debía entregarle a Dios mi vicio. Debido a los infructuosos intentos anteriores de dejar de fumar, pensé que era absolutamente imposible pero de todos modos y sin mucho entusiasmo le pedí a Dios que me ayudara a dejar de fumar.

No dudo de que fue Dios el que instituyó la política de «no fumar» en mi vida. Al día siguiente, me dio una experiencia que jamás olvidaré. El lunes por la mañana estaba nadando en la piscina cubierta de nuestra comunidad. Al tomar aire al final de unas cuantas vueltas, me sentí más y más nauseabunda por el olor empalagoso y repugnante de cigarrillos en el pelo, en la piel y en el aliento del hombre parlanchín del carril contiguo al mío. Su aroma dominante había penetrado el vapor que había encima de la superficie del agua templada. No he fumado un cigarrillo desde aquel día cuando Dios me colocó en, lo que yo denomino, el «Centro de tratamiento personalizado contra el vicio de fumar». Hoy no puedo mirar a alguien fumando un cigarrillo (ni siquiera a través de la ventana cerrada de un auto) sin que me den ganas de vomitar.

Antes de entregarle el vicio de la nicotina a Dios, no podía imaginar el impacto espiritual que iba a tener en mí dejar de fumar. Aprendí que Dios tiene suficiente poder para ayudarme a tratar con cosas que yo soy impotente de manejar. Gracias a ese conocimiento, ahora es más fácil rendirme a él en otras áreas. Se me hace más fácil confiar en él para que maneje mis debilidades. Si Dios puede ayudarme a dejar de fumar, ¡sé que puede hacer cualquier cosa!

La entrega de mi hogar y mis hijos

Probablemente, lo que más me costó rendirle a Dios —y esto puede sonar tonto porque usted puede estar esperando que diga *mis hijos*— fue la casa de cinco dormitorios que compré cinco años después de mi divorcio. Sabía que mi casa le pertenecía a Dios, y que yo sencillamente era administradora de lo que me había confiado, pero eso no impidió que se convirtiera en un ídolo. Mi casa maravillosa en un distrito caro me daba estatus. No podía imaginar rendirla a Dios, especialmente si él quería que viviera en algún lugar que no me agradaba.

Con el tiempo comprendí que debía vender aquella casa, pero durante todo un año entero me negué a hacerlo. Qué pesadilla viví intentando desenredar lo mejor que Dios tenía para mi vida mientras aun continuaba entretejiendo mis tercos deseos. Pero Dios fue persistente. Repetidamente me hacía recordar su deseo mediante el consejo sabio de mi hermano Paul y mi hermana Cathy. Siguió recalcándome la necesidad de simplificar mi vida.

> *El corazón [de una mujer] genera muchos proyectos, pero al final prevalecen los designios del Señor.* (Proverbios 19:21)

Por fin llegué al punto en que sabía que sencillamente tenía que obedecer a Dios y vender la casa. Cuando me mudé a una casa más pequeña, de pronto tuve más tiempo y más energía. Pude dedicarme más de lleno a escribir, algo que no había podido hacer anteriormente con todas las reparaciones, las tareas domésticas y la decoración.

Aunque suene horrible, era más fácil para mí entregar a mis hijos a Dios que rendirle mi casa. ¡Qué triste, no le parece? Pero en lo profundo de mi ser sabía que mis hijos estarían mejor en manos de Dios que conmigo. Aunque de todos modos fue muy duro entregarle la vida de mis hijos, los dejé a sus cuidados amorosos haciendo una sencilla y sincera oración. En realidad, tuve que hacer esa oración muchas veces. Parecía que nunca iba a poder expresar palabras que no fueran una mentira. Aunque no dejé a mis hijos en el templo para que un hombre santo los criara, como Ana hizo con su hijo Samuel, decidí confiar en que Dios los amaría, y que guiaría la vida de ellos mejor de lo que podía hacerlo yo.

La entrega del azúcar

Me he pasado la vida persiguiendo locamente el chocolate y los helados. Fielmente he probado todas estas brillantes ideas para dejar de consumirlo:

nada de azúcar en casa

nada de azúcar en la oficina de la iglesia

nada de azúcar sin comer proteínas o una ensalada

nada de azúcar mientras veo televisión

nada de azúcar si tengo que comprarlo

nada de azúcar después de las tres de la tarde (excepto si se ofrece como un postre oficial en una cena)

sólo dos bolas de helados sin cono

sólo tres bolas sin salsa

azúcar solamente los domingos

azúcar sólo si hay una celebración (cumpleaños, boda, graduación)

azúcar sólo en días festivos (Día de Acción de Gracias, Navidad, Año Nuevo, Día de los Enamorados, Día de las Madres, etc., etc., etc., etc.)

Años atrás, me cansé de vivir controlando siempre cuánto azúcar consumía, de modo que empecé un ayuno de azúcar de un año. Fue sorprendentemente fácil; pero volví a consumir azúcar excesivamente apenas terminó el ayuno. He estado con y sin azúcar durante cuatro años, porque sigo sin poder disfrutar de ello moderadamente.

Mi entrega a medias del consumo de azúcar me ha enseñado, entre otras cosas, que a Dios le agrada cuando ayuno del azúcar solamente para honrarlo. Siempre que decidimos honrar a Dios entregando algo que se ha convertido en un ídolo en nuestra vida, él honra nuestra acción. He descubierto que aprendo más acerca de la oración, del propósito, de la preparación o de otro aspecto del crecimiento espiritual cuando entrego un ídolo a Dios. De modo que seguiré pidiéndole que me enseñe a través de este proceso.

Las ricas recompensas de Dios por la rendición total

Aprender a rendirnos a Dios es más que un ensayo que nos prepara el alma y corazón para un propósito superior en el futuro. Someterse al señorío de Jesucristo es un explícito y tangible propósito para hoy, que empieza a pagar múltiples dividendos inmediatamente. Considere por un momento las recompensas transformadoras de vida que Dios derrama sobre nosotros cuando nos rendimos a Cristo nuestro Rey.

Damos a Dios una ofrenda cuando le entregamos nuestra vida en sacrificio, pero él nos da mucho más a cambio. Cuando nos rendimos a Dios, él empieza a transformar nuestra vida. El resultado de una vida transformada es que experimentamos las preciosas bendiciones de su Espíritu: «amor, alegría, paz, paciencia, amabilidad, bondad, fidelidad, humildad y dominio propio».[4] Cuanto más nos rendimos, más somos transformadas y más de estas bendiciones fluyen del Espíritu hacia nosotras. No me puedo imaginar una mercancía más valiosa en el mercado hoy, que estos nueve resultados llenos del Espíritu Santo por motivo de nuestra entrega total. Si pudiéramos embotellar estas cosas y venderlas, seríamos mujeres muy adineradas. Dios las da en abundancia a mujeres que se rinden a él y lo sirven con su vida.

Sumado a esto, considere la bonificación que le llega cuando entrega sus idas y venidas diarias, sus problemas y sus preocupaciones al Admirable Consejero. Él le dará toda la sabiduría que necesita para llevar una vida de adoración, gratitud, servicio y propósito. Al formar equipo con Aquél que puede prepararla ante peligros y oportunidades, usted se volverá más receptiva a la voluntad de Dios para su vida y sus decisiones. Piense en todo el tiempo extra que tendrá para dedicar a la oración, a la familia y al ministerio. ¡Qué alivio! Qué resultado excelente por su inversión de rendición.

Pero Dios le da una recompensa aun más valiosa por su entrega. Cuando humildemente entrega su voluntad y hace cualquier cosa que él pide de usted, sea grande o pequeña, llegará a ser uno en mente y corazón con el Dios del universo, que promete nunca abandonarla. ¡Qué compensación! Pero piense un momento. ¿Es suficiente? ¿Vale la pena rendirse totalmente a Dios?

El paso más largo de todos

Durante un mensaje que Kay Warren, la esposa de mi pastor, predicó en una conferencia de iglesias, hizo una pregunta difícil acerca de la rendición total a Dios. Nos preguntó si seguiríamos a Dios aunque nunca más hiciera algo por nosotros.[5] Como una mujer que ha luchado con la entrega y que también ha visto las ricas recompensas de hacerlo, tenía que pensar en esa pregunta. *¿Qué si Dios no me ayuda con mi gran sueño de distinguirme en el mundo?* —me preguntaba—. *¿Lo seguiría de todos modos?*

Mis pensamientos me hicieron preguntar si seguiría *amando* a Dios y, más aun, *siguiéndolo*, aunque perdiera todo, aun a mis hijos. ¿Lo amaría si estuviera desahuciada? Me avergüenza decir que mis respuestas iniciales a estas preguntas fueron muy egoístas. Esto es literalmente lo que escribí en mi diario: «Sinceramente, me comportaría como cristiana, pero estaría enojada con Dios. . . ¡bien enojada!»

Por supuesto, sabía cuál debería haber sido la respuesta y cuál quería que fuera, pero por varios días no podía responder de esa manera. Tenía que «procesar» la información y no era cosa muy agradable. Tenía que proceder en forma dramática a través de todas las fases de dolor, negación, enojo, negociación, depresión y (¡después de mucho lloriqueo!) aceptación. Finalmente, pude orar tan sinceramente como sabía hacerlo en ese tiempo:

> Dios, hoy vacío mi corazón para que me llenes de ti. Dame la gracia de amarte si me bendices a mí y a mi familia o si no lo haces. Me contento con la bendición que tú escojas para mí, o que me quites: mis hijos, mis ojos, mis manos, mi voz, mis miembros, mis fuerzas o mis posesiones. Todo es tuyo, no mío. Siento mucho la arrogancia de mi actitud, como si estuviera dándote algo que me pertenece. En realidad, todo lo que tengo es tuyo; sencillamente es un préstamo. Dejo todo en tus manos. Tus manos son grandes. Confío en ti.

Desde entonces sigo haciendo esta oración. También he descubierto un pasaje bíblico que habla de la entrega a Dios pase lo que pase, un pasaje que significa mucho para mí:

> Aunque la higuera no dé renuevos,
> ni haya frutos en las vides;
> aunque falle la cosecha del olivo,
> y los campos no produzcan alimentos;
> aunque en el aprisco no haya ovejas,
> ni ganado alguno en los establos;
> aun así, yo me regocijaré en el SEÑOR,
> ¡me alegraré en Dios, mi libertador!
> El SEÑOR omnipotente es mi fuerza;
> da a mis pies la ligereza de una gacela
> y me hace caminar por las alturas.[6]

Habacuc, el escritor de este pasaje, pone en claro que él se regocijaría en Dios a pesar de las penurias que Dios permitiera para el pueblo de Judá.

Habacuc dio un paso de entrega y decidió seguir a Dios aunque no había nada bueno a la vista. Nosotros también podemos escoger lo mismo. ¿Dará usted el paso de entrega total? ¿Escogerá seguir a Dios aunque nunca más haga nada por usted?

LA GUÍA DEL VIAJERO PARA RENDIRSE PASO A PASO

Los siguientes pasos para rendirse a Dios le ayudarán a descubrir aspectos de su vida que Dios quiere que ofrezca en sacrificio. Practique estos pasos durante los siguientes diez días para establecer algunas nuevas prácticas que la ayudarán a avanzar en el camino hacia el propósito.

El reto de diez días

Revelación: Busque la verdad
Inicialmente, no haga nada más que aquietar y silenciar su alma. Pida que el Espíritu Santo, durante este proceso de diez días, le revele la verdad acerca de cualquier relación, situación, posesión, sentimiento o actividad que pueda estar impidiendo que cumpla sus propósitos en la tierra. Escuche atentamente. Sature este tiempo en oración y lectura de la Biblia. Espere que el Espíritu Santo le dé una impresión acerca de una persona, un lugar, alguna cosa, un sentimiento o algún comportamiento al que se pueda estar aferrando con demasiada fuerza.

Investigación: Busque respuestas
Para ayudarla a llegar a su decisión final de rendir lo que el Espíritu Santo quiere que rinda, piense y actúe como un investigador en busca de la verdad. Haga una llamada telefónica, lea un libro, hable con un consejero cristiano o asista a una conferencia. Siga haciendo preguntas y buscando respuestas hasta que llegue a una conclusión respecto del siguiente paso de rendición.

Evaluación: Considere el precio
Considere lo que puede cambiar si Dios decide tomar lo que usted le ha rendido. La Biblia nos advierte a considerar el precio: «De la misma manera, cualquiera de ustedes que no renuncie a todos sus bienes, no puede ser mi discípulo».[7] Pregúntese: «¿Qué si Dios se lleva mi auto, mis padres, mi cuenta de ahorros, mi pequeño grupo, la ganancia de mi empresa, el confort personal o la salud?» Prepárese para *soltar* lo que dice que está entregando. Cuídese de ciertas tácticas de negociación tales como: «Dios, te rindo esto si tú. . .» Esta

no es una negociación de rehenes en que usted puede exigir lo que quiere recibir a cambio de lo que está por rendir. ¡Dios ya es dueño de todo! Sus opciones son «A»: rendirse o «B»: no rendirse.

Transformación: Piense con la mente de Cristo
Después de que el Espíritu Santo le ha revelado la oportunidad de entrega total y usted ha considerado el precio, siga el consejo del apóstol Pablo y aplique deliberadamente la mente de Cristo a su respuesta: «No se amolden al mundo actual, sino sean transformados mediante la renovación de su mente. Así podrán comprobar cuál es la voluntad de Dios, buena, agradable y perfecta».[8]

Decida llegar a ser más como Cristo. Fije la mirada en él y pídale que transforme sus pensamientos. Al entregar cierto aspecto de su vida, estudie pasajes de las Escrituras pertinentes. Si desea algo menos que una transformación permanente, usted no está considerando una entrega total; está considerando nada más que una resolución de Año Nuevo que no será cumplida.

Declaración: Entregue públicamente el control de su voluntad
Diga a Dios que está dispuesta a deshacerse de un feo ídolo. Ya que la entrega es un acto de su voluntad, no una función de sus sentimientos, escriba una declaración oficial de la manera que ha escogido actuar. Puede escribir su declaración en un diario, aunque tenga que escribirlo en una clave secreta como lo he hecho yo muchas veces para despistar a lectores no autorizados. Luego, cuéntele su decisión a una hermana en Cristo y pídale que la supervise.

Dedicación: Comience una vida de oración
Rodéese de uno o más guerreros de oración que se comprometan a orar por usted para que realmente lleve a cabo su entrega. Pídales que oren el tiempo que sea necesario. Luego esté al tanto de una respuesta o un rescate radical de parte de nuestro asombroso Dios, aunque esa respuesta demore más de lo que usted espera.

El desafío de un día

Si todo esto le parece muy difícil, tome un «Desafío de rendición de un día». En oración y determinación, escoja entregar durante veinticuatro horas una cosa que la tiene atada (¡cualquier cosa desde el café hasta la televisión o el teléfono!) Esté atenta a lo que suceda y anote cualquier bendición que resulte en sus relaciones, en su nivel de energía o en otros aspectos, tales como su actitud.

LIBROS RECOMENDADOS ACERCA DE LA SALVACIÓN Y LA ENTREGA

El caso de Cristo, por Lee Strobel[9]
El sagrado romance, por Brent Curtis y John Eldredge[10]

ES HORA DE ENTREGAR TODO A DIOS

¿Dará usted este siguiente paso hacia Dios y sus propósitos *rindiendo toda su vida a Dios en sacrificio*? Si no le entrega el control de su vida a Jesucristo, automáticamente se entregará a la desesperación. ¿Cómo puedo decir esto tan enfáticamente? Porque en relación a la entrega, o servimos a Dios o al diablo.

Una vida que es un sacrificio vivo a Dios es algo magnífico y poderoso. Pido a Dios que usted siga el consejo de Romanos 12, y que «en adoración espiritual, ofrezca su cuerpo como sacrificio vivo, santo y agradable a Dios».[11] En mi niñez tuve el privilegio de ver a mis padres entregar todos sus bienes y cada aspecto de su vida a Dios. En cualquier cosa que rendían, por más imposibles que fueran las circunstancias, se rendían a Dios y confiaban en que él velaría por ellos. Su fe y su entrega eran un verdadero acto de adoración.

Cuando murió mi madre en 1996, tuve una vívida imagen de su primer día en el cielo que quisiera compartir con usted. Ella se inclinaba humildemente ante nuestro Dios y Señor, que estaba sentado en un trono, alto y sublime. Las orlas de su manto llenaban el templo. Mi madre se tapaba el rostro con los brazos, intentando proteger sus ojos de la luz cegadora de la presencia de Dios. Ella estaba tan asombrada por la belleza del Señor, y tan rendida a él que todo lo que atinaba a hacer era susurrar repetidamente: «Santo, santo, santo».[12]

¿Me permite bendecirla por su continua entrega? Pido en oración que usted llegue a ser «un vaso noble, santificado, útil para el Señor y preparado para toda obra buena».[13] Que el resto de su vida sea prueba viva de la entrega que hará usted hoy, la semana que viene y el mes entrante.

Sabiduría de Dios para el camino

El paso de vida de «María, la madre de Jesús»: Rendir toda su vida en sacrificio a Dios

Para aprender una lección de María, la madre de Jesús, lea Lucas 1:26-38. La vida de María cambió totalmente el día en que el ángel se le apareció con la buena nueva de que ella sería la madre del Salvador del mundo. Al decirle que sí al ángel, estaba aceptando que el Espíritu Santo la utilice para la gloria de Dios. ¿Sabía que ella hubiera podido ser apedreada hasta la muerte por quedar embarazada sin estar casada? Si Dios le hubiera pedido a usted, en vez de a María, que le entregue todos los planes y sueños de una vida confortable y se arriesgara a ser apedreada (u otro método horripilante de muerte), ¿qué hubiera dicho?

Pregúntese: «¿Qué me estoy negando a rendir a Dios hoy?» Ore luego para dedicarle eso al Todopoderoso.

Preguntas personales del camino

1. Describa una de las jornadas de entrega que ha hecho hasta ahora de una persona, un lugar, alguna cosa, un sentimiento o un asunto. ¿Qué le ha enseñado acerca de Dios y de usted misma?

2. ¿Qué está haciendo Dios para impulsarla a rendirse a él? (¿Tiene que ver con buscar la verdad; buscar respuestas; considerar el precio; pensar con la mente de Cristo; entregar públicamente el control de su voluntad o comenzar una vida de oración?) ¿Por qué?

3. ¿Cómo completaría esta oración y por qué? *Estoy lista a rendirle a Dios lo bueno y lo malo de mi vida, hasta mi* ______________ . (Considere si es su casa, su auto, su carrera, su ministerio, su familia, sus hijos, el pasado, el presente, el futuro, los sueños, el dinero, los vicios, los temores, las distracciones, los pecados, las aficiones, los proyectos, la fama, lo bienes materiales, el poder, la buena reputación, el crecimiento espiritual, el trabajo comunitario, las amigas, los secretos íntimos, la educación).

Sea que rinda algo hoy o no, sin duda deseará hacer esta oración:

Señor, tómame desde donde estoy hoy. Tú sabes cuán importante ________________ es para mí. Ayúdame a confiar en ti y a obedecerte a diario, a cada hora y minuto por minuto.

NOTAS

1. (p. 152) William Morris, ed., *The American Dictionary of the English Language*, Houghton Mifflin, Boston: 1981, 1295.
2. (p. 153) De «La senda a la paz personal», un sermón predicado el 16 de mayo de 1999, en la iglesia Saddleback, Lake Forest, California.
3. (p. 153) Habacuc 3:10, La Biblia al Día.
4. (p. 157) Gálatas 5:22–23.
5. (p. 158) Kay Warren, «*How to Keep the Ministry from Killing You*» [Qué hacer para que el ministerio no lo mate], disertación en una conferencia de crecimiento de la iglesia, en mayo de 1997 en la iglesia Saddleback, Lake Forest, California.
6. (p. 159) Habacuc 3:17–19.
7. (p. 160) Lucas 14:33.
8. (p. 161) Romanos 12:2.
9. (p. 161) Lee Strobel, *The Case for Christ* [La causa de Cristo], Zondervan, Grand Rapids, 1998.
10. (p. 161) Brent Curtis y John Eldredge, *The Sacred Romance* [El sagrado romance] libro y manual, Thomas Nelson, Nashville, 1997.
11. (p. 162) Romanos 12:1.
12. (p. 162) Vea Isaías 6:1–3.
13. (p. 162) 2 Timoteo 2:21.

Sexta parte

Indíqueles *a otros el* camino

El propósito de Dios de *Evangelización* para usted:
Cumplir la misión que tiene para su vida

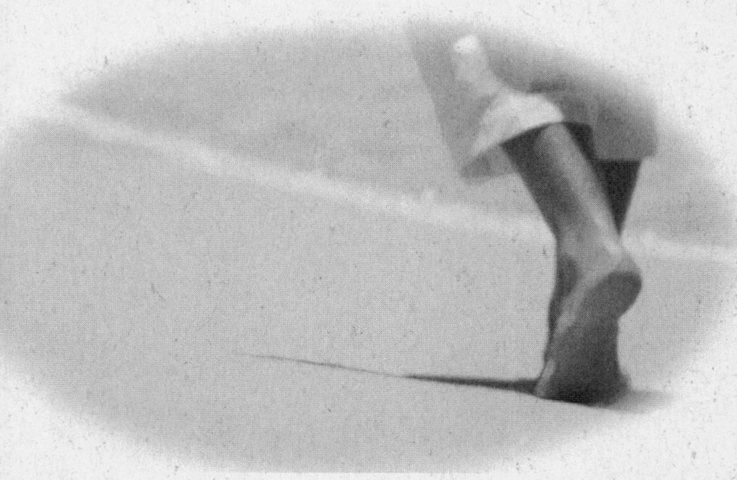

Capítulo 11

Espere la visión de Dios

He aquí el que forma las montañas, el que crea el viento, el que revela al hombre sus designios, el que convierte la aurora en tinieblas, el que marcha sobre las alturas de la tierra: su nombre es el SEÑOR Dios Todopoderoso.
(AMÓS 4:13)

Me parece haber esperado una eternidad para hablarle de este próximo paso. De modo que supongo que no importa si espero unos minutos más, para que rápidamente podamos recapitular hasta dónde hemos llegado desde el último vistazo hacia atrás que dimos en el capítulo cinco. Hasta ese punto, habíamos olvidado el pasado, nos habíamos esforzado en seguir adelante, nos habíamos enfocado en el presente y habíamos amado a los demás. Desde entonces, hemos buscado la paz, nos hemos arrepentido, hemos lavado los pies de alguien, nos hemos vuelto íntegras, hemos esperado recibir los deseos de nuestro corazón y nos hemos rendido a Dios. ¡Fantástico! Creo que nos merecemos una medalla por haber avanzado hasta aquí.

¿Recuerda la famosa «pared» en mi historia sobre el maratón del capítulo uno? Allí estamos ahora. De modo que refresquémonos con un poco de agua la cara, estimulémonos unas a otras y luego corramos juntas a toda velocidad hacia la meta. ¡Habrá bastante tiempo después para sentarnos en el césped a gozarnos y reírnos a carcajadas!

El siguiente paso, *esperar ansiosamente que el Señor Dios Todopoderoso le revele su visión*, es mi favorito en el camino hacia el propósito. Me emociona porque cada mujer tiene un propósito único en la vida, hecho a medida y de amplio alcance, y Dios quiere revelarle sus pensamientos a cada una. Es muy emocionante cuando una mujer capta la visión de Dios y empieza a cumplir el propósito de Dios en su vida.

Se me parte el corazón al pensar en la cantidad de mujeres que nunca dan este paso. Llegan tan cerca de recibir la revelación del propósito de Dios para su vida —la contribución más trascendental que Dios designara para ellas en la tierra, y que puede llegar a tener efecto en un sinnúmero de personas— pero deciden detenerse aquí. Aunque Dios mismo graba en esta piedra del camino cada nombre, algunas mujeres al parecer no somos capaces de reconocerlo como el nuestro. Tal vez, llegado al caso, puede que en realidad no queramos saber el propósito que Dios tiene en mente para nosotras. O quizá, temamos lo que requerirá el propósito de Dios.

Muy pocas mujeres son tan valientes para preparase a recibir una visión, para pedirle a Dios que se las revele, para admitir que la han recibido, para buscar consejo en medio de la confusión o para completar la obra una vez que tienen las instrucciones. ¿Por qué? Porque la visión va más allá de dar pequeños pasos de obediencia fiel; sino zancadas gigantescas de obediencia y, francamente, eso puede ser aterrador. De modo que mi meta no es solamente prepararla para que escuche los pensamientos de Dios acerca de este paso, sino ayudarla a recibir la revelación de la visión. Entonces, podrá saltar a la otra ribera del arroyo y comenzar a vivir el propósito de Dios para su vida.

Dios le revelará su visión

¿Recuerda la serie popular de televisión y la película «Misión Imposible»? La trama siempre envolvía agentes secretos que llevaban a cabo hazañas espectaculares en sus esfuerzos por salvar al mundo. Me encanta la frase que precedía cada asignación: «Su misión, si es que decide aceptarla. . .» ¿No sería maravilloso si Dios le enviara un mensaje con voz audible a través de una grabadora o un teléfono, diciendo: «Ésta es tu misión para el resto de tu vida. Decides honrarme aceptándola?»

Tenga por cierto que aunque Dios no le hable con voz audible, le comunicará su mensaje de todas formas. Esta es la increíble noticia que proclama el profeta Amós al decir que Dios «revela sus designios». Esto es lo que Daniel le explicaba al rey Nabucodonosor cuando dijo que hay un Dios en el cielo que revela los misterios.[1] Nuestro Dios, el Dios de Amós y de Daniel, quiere que usted confíe en que él le revelará sus designios acerca del propósito de su vida. Él no sólo tiene una visión para usted, sino que a su debido tiempo se la revelará. Tan claramente como les habló a los profetas Samuel e Isaías cuando los eligió para llevar sus mensajes,[2] lo hará con usted. De modo que necesitamos comprender qué clase de visión podemos esperar de Dios.

La visión es una percepción clara de cómo Dios quiere utilizarla, para que valientemente cumpla sus propósitos. Significa intuir el destino de Dios en su vida y ver la monumental tarea, humanamente imposible, que Dios tiene en mente para usted. Es vislumbrar la estrategia multidimensional para su vida, comprender la clase de persona en la que quiere que usted se convierta y lo que quiere que haga por él.

La principal visión de Dios para su vida ya está claramente revelada en la Biblia. Básicamente, debemos amar a Dios, amar a nuestro prójimo [3] e ir a hacer discípulos.[4] Esta amplia visión es el ancla de una vida con propósito. Pero allí no termina la visión de Dios. Él también le revela a cada persona una tarea individual y específica en relación con esa visión más amplia.

La visión específica de Dios para usted, se puede describir como un deseo que le roba el corazón —ya sea inmediatamente o con el tiempo— y le proclama: «Esta es tu sagrada comisión, que va mucho más allá de tus propósitos cotidianos de la vida». Es la obra exclusiva, comprometedora del corazón, que Dios preparó para usted aun antes de que naciera. Es la manera en que usted, y únicamente usted, llevará a cabo con excelencia su ministerio ante el Señor.

Cuando recibe esa visión, ve una oportunidad que la atrae tanto que no puede resistir. La impulsa a comunicar a otros sus intenciones. Es tan inspiradora, y exige tanto de usted, que la lleva a movilizar a otros a seguir su ejemplo. La gente desea ansiosamente seguir a alguien que tiene visión, de modo que hasta que Dios les revele la visión que tiene para ellos, enrólelos en el ejército de los hijos del Señor para ayudarla a alcanzar la meta que Dios le ha dado.

Cuando comprenda la visión de Dios para su vida, quizá quede totalmente anonadada porque cumplirla requerirá una tremenda fe, esperanza y amor. Aceptar la visión de Dios y llevar a cabo su propósito en la vida es como firmar un contrato de trabajar exclusivamente para él por el resto de su vida por más duras que se pongan las cosas. ¡Créame, se pondrán duras! El propósito de Dios le costará la vida, porque usted tiene que morir al «yo» para aceptar su plan. Además, le costará la vida, porque gastará todas sus fuerzas para servir a Dios. Demandará tanto de su esfuerzo y resistencia que sin él fracasará.

Sin embargo, una vez que se desencadena la visión, es como la electricidad que lleva luz a los lugares oscuros. Es su forma personalizada de guiar a las personas con una vida vacía a una vida completa en Cristo. ¡Qué asombroso es esperar con gran anhelo la visión de Dios!

¿Está ansiosa por la visión?

Al esperar ansiosamente que el Señor Dios Todopoderoso nos revele su visión, estamos dando un paso audaz y confiado hacia el propósito. Piense en el impacto de esperar que Dios le revele sus designios.

La revelación de los pensamientos de Dios, esa visión para el propósito de su vida, aumentará su fe porque tendrá que confiar en que él le muestre cosas más allá de lo que actualmente puede ver. La inspirará cuando intente convertir sus sueños e ideas en los principios de un plan estratégico. Le dará claridad para tomar decisiones y definirá sus metas y sus objetivos. La hará más intrépida cuando las cosas se pongan difíciles. La visión también le permitirá organizar su nueva aventura conforme a las prioridades de Dios, que es la mejor forma de organización del tiempo.

No obstante, el don más generoso de Dios durante este paso, es que a él, al Rey de reyes, usted le importa lo suficiente como para que le comunique quién es él y cómo usted lo puede servir aquí en la tierra. ¡Qué privilegio para un mortal escuchar la voz de Dios! Tomar en serio este paso invitará a Dios a hablarle más, y más a menudo, acerca de sus planes a largo plazo.

Muchas preguntas inquietantes se pueden presentar cuando espera la visión de Dios. ¿Le suenan conocidas algunas de las siguientes? *¿Qué si estoy haciendo algo mal y Dios no puede hablarme? ¿Qué si Dios ya me ha revelado su visión y yo no la he comprendido? ¿Qué si Dios me ha revelado sus pensamientos y yo no quiero hacer lo que me ha dicho?*

Todas éstas son preocupaciones válidas, y hasta pueden causar una parálisis emocional. Si éstas u otras preguntas similares la están empantanando, hágase un tremendo favor y comience de nuevo. Olvide el pasado, con sus dudas y fracasos, y considere este día como el primero del resto de su vida al servicio de Dios. Esto le dará una nueva perspectiva cuando Dios le ofrezca otra oportunidad para que preste atención a los grandes planes que tiene para usted.

Durante este paso, su responsabilidad es no preocuparse por la revelación de la visión de Dios; es más bien cumplir su compromiso con él, de seguir sus instrucciones, de escuchar bien[5] y prestar atención.[6] Si fielmente escucha a Dios, él aliviará sus preocupaciones, la ayudará a vencer su terquedad y la guiará a través de cualquier acción correctiva que tenga necesidad de tomar. Él está con usted en este momento, ayudándola a asimilar las aplicaciones prácticas de este libro.

Yo rogaba a Dios por una visión

Yo estaba tan ansiosa de recibir una visión de Dios, y durante años le había estado rogando por una. Infinidad de veces les pregunté a mis amigas más queridas —Dianne, Elaine y Diana— si ellas habían entendido el propósito de Dios para su vida o si tenían alguna percepción de lo que pensaban que Dios quería de mí. Tomaba tan en serio la vida y estaba tan desesperada por tener una visión, que no podía pensar en algo más pertinente de qué hablar. Aunque es cierto que Dios nos da la posibilidad de tener amigas para pasar tiempos intensos de conversación, de escucharse mutuamente, de cuidarse mutuamente, de hacerse un examen de conciencia y de llorar juntas, yo estaba tan ansiosa por recibir la visión de Dios que me perdí parte del gozo de estar sencillamente con mis amigas y de reírnos juntas.

Ya le he contado algunas de las cosas exageradas que hice mientras buscaba mi gran propósito en la vida. Lo que no sabe es hasta qué punto, mi impaciencia por una visión dominaba mi vida, había llegado hasta la música que escuchaba. Durante un tiempo escuchaba casi todos los días canciones que hablaban de los sueños y los deseos profundos del corazón. Pero no recibía ninguna visión.

Con el tiempo aprendí, aunque muy consternada, que no vale la pena rogar a Dios por una visión. Dios es el que la revela y lo hará cuando quiera. Cuando tenemos gran apuro de recibir la visión, no estamos más que adelantándonos a Dios. Estamos tratando de avanzar en medio de nuestra agenda con arrogancia en vez de esperar su clara dirección, y nuestra impaciencia nunca acelera la revelación de su plan.

> *Cuando no está claro «cómo» debemos llevar a cabo la visión de Dios, debemos orar y esperar con paciencia. Éstos son tiempos en que nos está equipando —preparando— con todo lo necesario para cumplir exitosamente la visión. Puede ser su voluntad no revelarnos nada por cuarenta años, como en el caso de Moisés. Siga adelante con lo que ha visto hasta ahora y, a la vez, ore por lo que todavía necesita ver.*[7]
>
> Patrick Morley

Vale la pena esperar

Cuando Cathy, una amiga mayor, era más joven, pensaba que perdía el tiempo al esperar que Dios iniciara un sueño en su vida. Ahora, después de ocho años de lenta revelación del plan de Dios para su vida, ha llegado a una conclusión sorprendente. Reconoce que la larga espera para que Dios le revele su visión y la movilice era un paso de preparación muy necesario. La demora la ayudó a ver los aspectos de su carácter que tenía que tratar. Le dio tiempo para conocer a toda clase de personas y aprender una variedad de cosas. Más importante aun, le mostró el valor de confiar en la sabiduría de Dios para actuar a su debido tiempo.

Si se está impacientando, como Cathy y yo, debido a un silencio prolongado con respecto a la visión de Dios, tengo varias sugerencias. Primeramente, confiese su impaciencia y arrepiéntase. En segundo lugar, agradezca a Dios por su sabiduría en enseñarle a esperar el debido tiempo. Y en tercer lugar, fíjese lo que Dios está haciendo *hoy* en su vida.

Analicemos un poco más esta tercera sugerencia. ¿Recuerda la piedra del capítulo tres de hacer hoy lo que Dios la envió al mundo a hacer? Allí vimos cuánto le importan a Dios nuestras funciones diarias. Él no desperdicia ningún aspecto de una vida dedicada a cumplir sus propósitos. Aunque él no siempre insiste en que una visión sea precedida por la fidelidad en cumplir nuestros propósitos presentes, esos propósitos nos pueden preparar muy bien para recibir la visión. Lo que Dios está haciendo hoy en su vida puede ser un gran preparativo para la visión que le revelará mañana.

Considere, por un momento, algunos de los propósitos rutinarios de cada día. Hallará algunos de ellos en la siguiente tabla, bajo la columna de «Propósitos diarios». Quizá, usted tenga ejemplos específicos que quiera agregar a la lista.

Y la constancia debe llevar a feliz término la obra, para que sean perfectos e íntegros, sin que les falte nada. (SANTIAGO 1:4)

Si compara el nivel de servicio consagrado entre los «Propósitos diarios» y la «Superior visión de Dios», verá un progreso natural hacia la efectividad en su servicio a Dios. Fíjese que sus propósitos diarios exigen un alto nivel de compromiso personal de obediencia a Dios, mientras que la visión la dirige a un compromiso interpersonal de guiar a los demás a obedecer a Dios. La visión la lleva hacia un propósito de mayor dimensión en la vida.

PROPÓSITOS DIARIOS	SUPERIOR VISIÓN DE DIOS
Ministrar a uno o a varios.	Ministrar a algunos o a multitudes.
Trabajar sola o al lado de alguien.	Invitar a otros a participar.
Esperar una tarea difícil.	Esperar la intervención de Dios para completar una tarea imposible.
Estar comprometido.	Darlo todo, sin volver atrás.
Decir: «Señor, úsame».	Orar audazmente: «¡Señor, úsame al máximo!».
No correr riesgos.	Arriesgarlo todo, sin reservas.
Hacer lo que le parece sensato a usted y a los demás.	Parecer necia ante los ojos del mundo.
Cumplir las responsabilidades diarias como sierva de Cristo.	Cumplir su propósito exclusivo en la vida, llena del fruto del Espíritu: amor, gozo, paz, paciencia, etc.

Tengo que admitir que es genial que Dios nos prepare durante años de rutina diaria para que escuchemos sus pensamientos, en vez de asustarnos anunciándonos la visión completa de un momento a otro. Más importante aun, ¿se ha dado cuenta de que una gran visión de Dios, de ningún modo puede darnos el derecho a jactarnos? La visión de Dios, transmitida a su manera y en su tiempo, produce todo lo contrario: nos hace caer de rodillas en total humildad.

La visión requiere acción

No importa cómo o cuándo le llegue la visión de Dios, la respuesta ideal de su parte sería una entrega total seguida de acción. Muchas mujeres cristianas han rendido su vida y han recibido la visión, pero se quedan inmóviles, en un estado de pasividad, cuando debieran aceptar el llamado de Dios en su vida. Es como si no se atrevieran a cruzar la «brecha de la fe» sin la prueba de un pasadizo seguro, mientras Dios las espera del otro lado queriendo que confíen en él.

Cuando considero la pasividad, pienso en Donna, una creyente consagrada al Señor, que por primera vez comprendió la visión de Dios durante un retiro espiritual. Le entró el pánico por la inmensidad de la visión y suplicó: «Aquí estoy, Señor, pero envía a Alicia, no a mí». (¡Su versión de Isaías 6:8!) Más tarde, Donna intentó una nueva táctica: «Señor, no me envíes *allí*. Iré a cualquier lugar menos *allí*».

¿Alguna vez ha suplicado algo similar aunque sabía la respuesta que Dios esperaba oír? Yo lo he hecho. Cuando lo hagamos, tenemos que recordar las palabras de Jesús: «¿Por qué me llaman ustedes "Señor, Señor", y no hacen lo que les digo?»[8]

Recuerde que Dios tiene mucho que ver en el desarrollo de su plan. Desde luego, la visión infundirá temor. Se supone que una visión es más grande que la vida, más compleja, de mayor alcance, más demandante de lo que podemos manejar. Cuando Dios le dio la visión a Moisés, éste no estaba seguro de ser el líder que Dios consideraba. Pero Dios le aseguró a Moisés que era el hombre escogido para la gran obra. Luego, Dios animó a Moisés, diciéndole: «Yo estaré contigo».[9] Fíjese que Dios le da *a usted* la misma seguridad de su presencia mientras cumple la obra de su vida.

Dios no está buscando «súper estrellas» a quienes pueda revelar una visión. Está buscando mujeres en quienes pueda inspirar una vida de amor y de anunciar el evangelio. Está buscando mujeres dedicadas, mujeres comunes y corrientes que tengan una convicción tan firme de su propósito en la vida que perseveren tenazmente en medio de las pruebas.

> *De pronto, se manifestará el Espíritu por medio de personas ordinarias que oigan el llamado y que respondan de maneras extraordinarias.*[10]
>
> ANN PETRIE, DIRECTORA Y PRODUCTORA DE CINE

PERSONAS COMUNES DE LA BIBLIA QUE RECIBIERON VISIONES EXTRAORDINARIAS DE DIOS

Hay muchísimos ejemplos en la Biblia de personas comunes que recibieron visiones extraordinarias de Dios. Estas son mis paráfrasis de la visión que cada uno recibió de Dios:

Noé, construye un arca.[11]
Abraham, ve a la tierra que te mostraré.[12]
Sara, tú serás la madre de naciones; reyes de pueblos saldrán de ti.[13]
José, reinarás sobre los demás.[14]
Moisés, ve adonde está Faraón y exígele que te deje sacar a mi pueblo de Egipto.[15]
Josué, prepárate para cruzar el río Jordán.[16]
Débora, ve a la batalla; saldrás victoriosa.[17]
Gedeón, ve en esta tu fuerza y salva a Israel.[18]
Ester, salva a tu pueblo.[19]
Jeremías, ve a cada persona a la que te envíe y di todo lo que te ordene.[20]
Jonás, vete a la gran ciudad de Nínive y predica en contra de ella.[21]
Simón y Andrés, ¡síganme![22]
Juan el Bautista, prepárame el camino.[23]
María, concebirás y darás a luz un hijo, y le pondrás por nombre Jesús.[24]
Pedro, alimenta a mis ovejas.[25]

¡CUANDO DIOS ESTÉ LISTO, LE REVELARÁ SU VISIÓN!

Permítame referirle con cuánta ternura, persistencia y certeza Dios me reveló su visión para mi vida. En 1988, empecé a preguntarme si la visión que Dios posiblemente tenía para mí tendría algo que ver con el cuidado de plantas. Durante años, no sabía qué pensar de esa idea vaga e incompleta que persistía en venir a mi mente. Entonces, en un instante, un día soleado de 1991 sentí un deseo abrumador de dar una mano de ayuda *a algo* para que creciera y algún día pudiera ser hermoso o útil. No tenía idea si Dios me estaba pidiendo que cuidara orquídeas, frijoles, plantas de cactus o robles. Sencillamente sabía que quería que se hiciera realidad lo que estaba sintiendo:

la impresión de haber recibido una débil, pero espléndida idea. Lo quería más que cualquier cosa del mundo (aparte del crecimiento espiritual, la seguridad y la salud de mis dos hijos).

Sentí que si sembraba algo iba a explotar de alegría, pero fuera de eso no comprendía los detalles. No había dudas de que algo estaba brotando en mi corazón, pero era como verlo a través de una neblina. No podía captarlo bien. Definitivamente, no podía expresarlo verbalmente porque temía que la gente pensara que era una tonta.

No tenía idea de lo que debía hacer con los pensamientos de semillas, flores, frutas y siembra que pasaban por mi mente. En ese momento, no sabía nada de los cientos de versículos bíblicos que Dios me haría estudiar más adelante y que tienen que ver con jardines, granos, viñedos, campos, cosecha, arado, podas, estaciones, retoños, capullos y flores. Comencé a preguntarme si las imágenes de semillas, siembra y crecimiento tenían un significado literal, como: «Anda compra una tienda de flores», «Sigue la carrera de horticultura» o «Cásate con un agricultor». Me sentía muy confundida.

No fue hasta 1994, seis años después que comenzaran a tomar forma esas ideas, que Dios aclaró la visión. Todo el tiempo, lentamente, había estado depositando en mi alma imágenes sensoriales e impresiones de sus futuros planes para mí. Por fin era hora de que me revelara el propósito que mantendría mi corazón cautivo de agradecimiento para siempre. Finalmente, pude identificar el dolor apasionado de mi corazón. Era el propósito de mi vida, cuya búsqueda me había vuelto loca durante quince años. La obra, ahora obvia, que Dios me había asignado era: ayudar a mujeres a desarrollarse y ser lo que Dios quiere que sean, y ayudarlas a florecer para glorificar al Señor con su vida.

Pero ¿cómo debía hacerlo? Llegaron las respuestas a medida que las necesitaba. Ahora sé que debo ayudar a mujeres a comprender la paz, el amor y la entrega a Dios que las llevará por el camino hacia el propósito. Es casi como si Dios hubiera estado colocando una «piedra» por vez para que probara el terreno. Ahora cumplo la visión de Dios para mi vida indicándoles a las mujeres el camino hacia Jesús, su magnificencia y sus propósitos.

No me pregunte por qué Dios me dio esta visión. Para mí es un propósito fascinante que me tiene cautiva. Me hace rebosar el corazón. Recibir la visión de Dios es como el día de Navidad cuando usted recibe el regalo perfecto —quizás un perrito de peluche en miniatura—, y yo tengo el regalo perfecto para mí: un rompecabezas multicolor de mil piezas. (¡Si no me pide que bese a su perrito, no le pediré que arme mi rompecabezas!) Dios se encarga de darnos a cada una algo que nos haga sonreír en el ministerio, y de rodearnos, según sea necesario, con gente del mismo parecer para que nos ayuden a cumplir el propósito especial que ha reservado para nosotras en la tierra.

He pasado por el angustioso y amargo proceso de dudas, mucha oración y perseverancia implacable, probando las aguas del servicio en muchas áreas. He viajado alrededor del mundo para hablar con gente famosa, y he derramado mi corazón ante extraños y amigos. Busqué por mucho tiempo mi propósito antes de que Dios me lo revelara. No recibí la certeza ni un segundo antes de tiempo. Estoy convencida de que la razón por la que no fue fácil es para que me sintiera motivada a animar a las mujeres que Dios eligiera para el largo, largo proceso.

Epifanía

Los sabios del Oriente reconocieron la naturaleza divina de Cristo cuando le trajeron presentes dignos de un rey. Ese fue un momento en el que Dios claramente se reveló; una de las veces en la Biblia que se conoce como Epifanía. Usted recordará la muy conocida historia de la Navidad:

> Después de oír al rey, siguieron su camino, y sucedió que la estrella que habían visto levantarse iba delante de ellos hasta que se detuvo sobre el lugar donde estaba el niño. Al ver la estrella, se llenaron de alegría. Cuando llegaron a la casa, vieron al niño con María, su madre; y postrándose lo adoraron. Abrieron sus cofres y le presentaron como regalos oro, incienso y mirra.[26]

¿Cómo sería si Dios produjera hoy una epifanía en su vida? ¿Qué si audazmente le revelara más acerca de su carácter y sus caminos? ¿Qué si claramente demostrara quién es y cómo usted lo puede adorar con su vida? ¿Cómo sería si le explicara por qué la creó y qué propósito de largo alcance siempre ha tenido en mente exclusivamente para usted? ¿Qué si le revelara los presentes que usted le dará a Jesús, y también qué le obsequiará a usted y a su pueblo a través de usted? Estoy segura de que se inclinaría ante el Rey y lo exaltaría aun más de lo que hace ahora. Su gozo no tendría límites. Sería un momento de suma celebración.

Si todavía no ha recibido la visión de Dios para su vida, es importante que se prepare para recibir una epifanía. Quizá usted vaya a tener un vistazo previo, una serie de impresiones, como experimenté yo durante seis años respecto a cultivar algo. Tal vez, la visión venga sin previo aviso. En cualquier caso, Jesucristo quiere manifestarse en su vida. Quiere que sea obvio quién es él y qué quiere que ocurra en su vida. Cuando sea el tiempo más apropiado para usted, y para las personas a quienes la envíe a servir, la invitará a una epifanía. Mientras tanto, simplemente siga poniendo un pie delante del otro en el camino hacia el propósito.

Aunque Dios quiere que nos preparemos para recibir su visión, él puede enviar la visión en cualquier momento, aunque no lo hayamos pedido y los demás piensen que no estamos listos para recibirla. Dios a veces interrumpe nuestra vida y obra en forma exclusiva, como lo hizo en la vida de Saulo, quien luego se convirtió en el misionero Pablo. Piense en la luz cegadora que llevó a la conversación y a la epifanía descrita en Hechos:

> Todos caímos al suelo, y yo oí una voz que me decía en arameo: «Saulo, Saulo, ¿por qué me persigues? ¿Qué sacas con darte cabezazos contra la pared?»
>
> Entonces pregunté: «¿Quién eres, Señor?»
>
> «Yo soy Jesús, a quien tú persigues —me contestó el Señor—. Ahora, ponte en pie y escúchame. Me he aparecido a ti con el fin de designarte siervo y testigo de lo que has visto de mí y de lo que te voy a revelar. Te libraré de tu propio pueblo y de los gentiles. Te envío a éstos para que les abras los ojos y se conviertan de las tinieblas a la luz, y del poder de Satanás a Dios, a fin de que, por la fe en mí, reciban el perdón de los pecados y la herencia entre los santificados». Así que. . . no fui desobediente a esa visión celestial.
> 27

La mayoría no recibimos una visión espectacular y cegadora como la de Saulo. Más bien, se nos da un vistazo previo a la dirección de Dios para nuestra vida como una fantasía infantil, un deseo juvenil o un anhelo apasionado. Por eso, preste atención a cualquier «semilla» de idea que puede estar intuyendo, o a una versión superior de una carrera o un ministerio que actualmente cumple con agrado. Esté muy alerta y receptiva a impresiones que recibe a través de la oración, la lectura de la Biblia, sus apuntes en un diario, profesores cristianos, mentores o personas que le sirven de ejemplo. Estos pueden ser la forma de Dios de revelarle sus pensamientos.

LA GUÍA DEL VIAJERO PARA RECIBIR LA VISIÓN DE DIOS

Las siguientes sugerencias tienen como fin ayudarla a prepararse para percibir los pensamientos de Dios y recibir la visión que él quiere darle para su vida. Continúe pacientemente con estas prácticas todo el tiempo necesario.

Ore

Lo mejor que puede hacer mientras espera la revelación de una visión de Dios para su vida es orar. Pida en oración poder escucharlo y ser dócil en sus manos. Mientras está esperando, pregúntele cuál de los pasos dados necesita repetir para estar mejor preparada para recibir su visión. Ore que suceda en el tiempo perfecto de Dios, y que él prepare el corazón de las personas a las que la envía a servir. También se puede beneficiar de otro libro de esta serie: *Oración con propósito para mujeres.*

Pídale a otros que oren

Rodéese de personas afectuosas y alentadoras que oren por usted para que se cumpla la visión de Dios en su vida. Pídales que oren específicamente para recibir lo mejor que Dios tiene preparado para usted. Otro libro de esta serie, *Conversaciones con propósito*, está diseñado para ayudarla a conversar abiertamente acerca de su propósito exclusivo en la vida con una «Compañera de Propósito», una mujer a quien pueda confiarle sus impresiones de los planes de Dios para su vida.

Tenga confianza

Confianza significa «con fe». Para este paso, usted necesita la fe que mueve montañas, fe que desate el poder de Dios. Tiene que creer que Dios le manifestará la visión que siempre ha tenido para usted. Pídale que aumente su fe para que pueda ver la visión que él tiene para su vida.

Practique la paciencia

Practique la amabilidad en todos los momentos de espera en sus actividades diarias, incluso cuando tiene que estar en la fila del banco o en la tienda de víveres. Practique la paciencia con actividades que la requieran, como hacer volar una cometa o sembrar un jardín. Además, dedique tiempo para cantar, jugar y descansar, para que aprenda a avanzar con menos velocidad y disfrutar del viaje.

Pídale a Dios que le hable específicamente

Si quiere que Dios le hable, hágase dos preguntas importantes: *¿Realmente quiero que Dios me hable y espero que lo haga?* y *¿Estoy de veras escuchando?* Si contesta afirmativamente a ambas preguntas, está en condiciones de repetir la oración de Samuel: «Habla, SEÑOR, que tu siervo escucha».[28]

LIBROS RECOMENDADOS ACERCA DE LA VISIÓN DE DIOS

Experiencing God: Knowing and Doing the Will of God [Cómo experimentar a Dios: Conocer y hacer la voluntad de Dios], por Henry T. Blackaby y Claude V. King [29]

Living the Life You Were Meant to Live [Viva la vida diseñada para usted], por Tom Paterson [30]

ES HORA DE VER LA IMPRESIONANTE VISIÓN DE DIOS PARA SU VIDA

Proverbios dice claramente que «donde no hay visión, el pueblo se extravía».[31] En reconocimiento de esta realidad básica del comportamiento humano, algunas empresas tienen un vicepresidente de «acceso a la visión». Lo gracioso es que ante los ojos de Dios todos somos vicepresidentes de acceso a la visión, porque quiere que todos tengamos acceso a su visión para nuestra vida.

Entonces, ¿dará este siguiente paso hacia Dios y su propósito para su vida? *¿Esperará ansiosamente que el Señor Dios Todopoderoso le revele su visión?* Nuestro precioso Salvador está esperando que cada mujer cristiana, no solamente unas cuantas escogidas, acepte la visión que él ha creado para ella con todo amor. ¿Está dispuesta a aceptar cualquier visión que Dios haya diseñado y le revele? ¿Le dará gracias antes, durante y después de la revelación de su visión?

Si aún no ha recibido la visión de Dios, si todavía no ha escuchado sus precisas instrucciones, ¡no se atreva a darse por vencida! Dios ha estado en el negocio de la visión desde el principio de los tiempos y no va a dejar ahora esta empresa. No tenga recelo de solicitar acceso a su visión. A su debido tiempo, él le revelará más acerca de quién es y qué misión le ha reservado.

Cuando llegue el muy esperado día de epifanía, cuando Dios le presente su visión, ¡regocíjese! Caiga de rodillas en adoración y ore:

Amado Señor, tenme cerca de ti. Te amo y no puedo comenzar a cumplir esta visión sin tu ayuda. Necesito tu inspiración, tu percepción, tu humildad, tu sabiduría, tu verdad, tus conocimientos, tu comprensión, tu paciencia, tu resistencia, tu humor, tu dirección, tus respuestas, tu estilo, tu destreza, tu sensibilidad, tu claridad, tu santidad y tu amor. No me dejes, ni por un segundo. Gracias por impartir tus pensamientos. Gracias por revelar tu visión y propósito para mi vida. Amén.

Sabiduría de Dios para el camino

El paso de vida de «Débora»: Esperar ansiosamente que el Señor Dios Todopoderoso le revele su visión

Para aprender durante este paso de su vida una lección de Débora, profetisa y jueza, lea su historia en Jueces 4, y su canción de alabanza en Jueces 5. Débora es la única jueza, que se conozca, de Israel, y se caracterizaba por su sabiduría.

Jabín, rey de Canaán y Sísara, comandante del ejército del rey, habían aterrorizado a Israel durante veinte años. Débora mandó a llamar a Barac, su compatriota, en el nombre de Jehová y le informó que Dios entregaría al enemigo en sus manos. Barac se negó a ir si Débora no lo acompañaba. Ella fue con él, y el enemigo fue completamente derrotado. Espere que Dios le dé una visión clara, tal como a Débora.

Preguntas personales para el camino

Sin analizar su respuesta, rápidamente anote en su diario devocional *cómo le gustaría que sea* la visión de Dios para usted.
Si no puede contestar a esta pregunta ahora, no se preocupe. Como sabe después de haber leído este libro, hay que hacer un trabajo mucho más aclarador. Repase sus respuestas a las preguntas del final de cada capítulo, para que pueda decidir el siguiente paso de acción. Créame que el trabajo que haga ahora traerá una respuesta. Pero no se olvide que debe descansar en el Señor, orar y creer que Dios le revelará su plan.

NOTAS

1. (p. 168 Vea Daniel 2:28.
2. (p. 168) Vea 1 Samuel 3:1–18; Isaías 6:1–13.
3. (p. 169) Vea Marcos 12:30–31.
4. (p. 169) Vea Mateo 28:18–20.
5. (p. 170) Isaías 55:2.
6. (p. 170) Isaías 55:3.
7. (p. 171) Patrick: M. Morley, *Seven Seasons of a Man's Life* [Las siete etapas en la vida de un hombre] (Thomas Nelson, Nashville: 1995), 229.
8. (p. 174) Lucas 6:46.
9. (p. 174) Éxodo 3:12, TLB.
10. (p. 174) Richard Attenborough, Palabras de Ann Petrie usadas en la película Madre Teresa , por Producciones Petrie, Inc. Narración por Producción y dirección: Jeanette y Ann Petrie, 1986. Usado con permiso.
11. (p. 175) Vea Génesis 6:12–14.
12. (p. 175) Vea Génesis 12:1–3.
13. (p. 175) Vea Génesis 17:15–16.
14. (p. 175) Vea Génesis 37:1–11.
15. (p. 175) Vea Éxodo 3:10.
16. (p. 175) Vea Josué 1:1–2.
17. (p. 175) Vea Jueces 4:1–14.
18. (p. 175) Vea Jueces 6:12–16.
19. (p. 175) Vea Ester 4:14.
20. (p. 175) Vea Jeremías 1:4–8.
21. (p. 175) Vea Jonás 1:1–2.
22. (p. 175) Vea Marcos 1:16–17.
23. (p. 175) Vea Lucas 1:13–17.
24. (p. 175) Vea Lucas 1:26–33.
25. (p. 175) Vea Juan 21:15.
26. (p. 177) Mateo 2:9–11, TLB.
27. (p. 178) Hechos 26:14–19.
28. (p. 180) 1 Samuel 3:10.
29. (p. 180) Henry T. Blackaby y Claude V. King, *Experiencing God: Knowing and Doing the Will of God* [Cómo experimentar a Dios: Conocer y hacer la voluntad de Dios], The Workbook, Lifeway, Nashville, 1990.

30. (p. 180) Tom Paterson, *Living the Life You Were Meant to Live* [Viva la vida diseñada para usted], Thomas Nelson, Nashville, 1998.

31. (p. 180) Proverbios 29:18.

Capítulo 12

Ármese de valor

Pero Jesús les dijo en seguida: «¡Cálmense! Soy yo. No tengan miedo».
(MATEO 14:27)

Al continuar en el camino hacia el propósito, algunas mujeres se reirán a carcajadas al ver la siguiente piedra: *ármese de valor*. Ni siquiera podemos comenzar a imaginar cómo podremos armarnos de valor para asumir un propósito de la dimensión de Dios. Pero las buenas nuevas son que no tenemos que armarnos de nada. El valor es un regalo de Dios. Para recibirlo, solamente tenemos que presentarnos y confiar de todo corazón en la fidelidad de Dios.

La piedra del valor no es una simple piedra del arroyo que esperamos nos impida caer al agua y mojarnos. Se asemeja más a la Roca de Gibraltar, un promontorio espectacular de piedra caliza. Podemos pensar en esta roca como el seguro refugio de Dios para nosotras. Es su mensaje: «Confía en mí», lo que nos inspira a dar un paso con valor hacia delante.

El regalo de Dios de la valentía

¿Puede imaginar que, sin acceso al lugar seguro de la presencia de Dios, intente dominar los temores que pueden acompañar a un propósito de vida superior? ¡Yo no! Ni por un momento. Necesito bastante valor para cumplir los propósitos de Dios para mi vida, y me imagino que usted también. De modo que analicemos la clase de valor que Dios nos ofrece.

Mateo, el autor de uno de los evangelios, describe el paso de armarse de valor como una *orden* de Jesús, lo cual significa que Jesús nos manda que seamos intrépidas. Esto no significa que Dios no nos puede usar para cumplir sus propósitos si tenemos temor. Lo puede hacer y lo hace. Tampoco significa que si damos este paso de valor desaparecerán por arte de magia todos nuestros temores. Lo que significa es que el armarnos de valor es un acto de la voluntad que nos ayuda a dejar atrás el temor y nos permite avanzar. Armarse de valor es un acto de nuestra parte que se basa en algo real y confiable: la fidelidad de Dios.

Nos armamos de valor al comprender que el Señor nuestro Dios nos ha llamado por nombre y que promete estar con nosotras. El profeta Isaías explica bien este concepto al hacernos recordar que a los ojos de Dios somos preciosas y dignas de honra, que nuestro Padre celestial nos ama, y que nunca nos dejará ni nos abandonará.

> «No temas, que yo te he redimido;
> te he llamado por tu nombre; tú eres mío.
> Cuando cruces las aguas,
> yo estaré contigo;
> cuando cruces los ríos,
> no te cubrirán sus aguas;
> cuando camines por el fuego,
> no te quemarás ni te abrasarán las llamas.
> Yo soy el SEÑOR, tu Dios,
> el Santo de Israel, tu salvador . . .
> Porque te amo y eres ante mis ojos
> precioso y digno de honra.
> No temas, porque yo estoy contigo».[1]

Esta descripción del amor de Dios y su promesa de estar con nosotras me ofrecen serenidad y consuelo. Es una explicación del por qué no tengo que temer: ¡Dios está conmigo! De modo que aun cuando *siento* temor, puedo seguir adelante porque Dios ha prometido estar conmigo. Cuando empiezo a captar la verdad de su presencia en mi vida, puedo dar un suspiro de alivio y avanzar can valor.

Jesús ilustró vívidamente el mismo mensaje a sus discípulos cuando estuvo con ellos aquí en la tierra. En una oscura noche de tormenta, los discípulos estaban en una barca que se mecía violentamente a la merced de las olas. Jesús se les apareció caminando en el agua, y los discípulos, que ya estaban asustados, se aterrorizaron pensando que era un fantasma. ¿Cómo respondió Jesús? Les dijo: «¡Cálmense! Soy yo. No tengan miedo».[2]

No hay razón de temer cuando Jesús está a nuestro lado. Qué maravilloso es saber que Jesús nos da ánimo, como hizo con Pedro. Nos llama a dar el paso de fe, de salir de la barca y caminar hacia él sobre el agua, mientras nos extiende la mano cuando empezamos a hundirnos bajo las grandes presiones de la vida. Gracias a él podemos ser intrépidas. Sea que se esfume el temor o que avancemos con temor hacia la meta, nos armaremos de valor al obedecer a Dios y experimentar su fidelidad.

¿Por qué es importante la valentía?

Todos somos propensos a desviarnos por temor. Uno de los descubrimientos más inesperados que hice en mis entrevistas con los jóvenes que visité en la cárcel (vea el capítulo seis), fue que todos vivían bajo algún temor. Por experiencia propia, sé cuán paralizante es estar envuelto en capas de temor que causan preocupación. Ahora, al ayudar a muchas mujeres a descubrir su propósito en la vida, veo que hay algunas cuyos temores secretos —viajar en avión, ser abandonadas, hablar en público, la altura, el rechazo, ser atacadas— les impide ser todo lo que Dios ha diseñado que sean.

No cabe duda en mi mente de que el temor hace impacto en el propósito de la vida. Sé lo perjudicial que puede ser en la vida de creyentes en Cristo que intentan cumplir los propósitos de Dios para su vida. Una vez que el temor la tiene en sus malvadas garras, impide la creatividad, la productividad y las relaciones. De modo que cuando enfrenta sus temores, armándose del valor de Dios, recupera su capacidad de experimentar estas cosas y cumplir su propósito en la vida.

Más importante aun es que, cuando obedientemente se arma de valor, aumenta su percepción de la fidelidad y el poder de Dios. La verdad es que Dios quiere calmar sus temores para que su relación con él sea más confiada e íntima. Cuanto más confíe en él, tanto más seguridad tendrá en el cuidado de él. Cuando se profundice su relación con Dios, estará más y más dispuesta a cumplir tareas audaces y difíciles para servirlo.

Sé que no es fácil armarse de valor cuando tenemos miedo, pero el esfuerzo de hacerlo siempre es recompensado por la libertad que experimentamos. Dios honrará su valor y su dedicación. El regalo del valor o la intrepidez es como ser liberado de una cárcel. De modo que consideremos algunos de los temores más comunes que nos pueden desviar de la búsqueda de los propósitos de Dios, y veamos cómo podríamos armarnos de valor cuando se presentan esos temores.

Temor al ridículo y a las críticas

¿Le impiden buscar su propósito el temor al ridículo o a las críticas? ¿Dice: «Los demás se reirán de mí. Van a hacer bromas crueles acerca de mis convicciones de fe y mis principios morales y éticos. ¿Qué si me confrontan, y no sé cómo defenderme?»?

Conozco bien este temor. Durante años me impidió evangelizar. Tenía terror de que alguien criticara mis muy preciados principios de fe o que me hiciera avergonzar por no recordar bien los versículos bíblicos. Pero un día me hice una pregunta crucial: *¿Voy a permitir que los comentarios o las críticas me impidan dar un paso de fe y cumplir la obra que Dios me ha encomendado?* Cuando lo pensé de ese modo, la respuesta fue: «¡Por supuesto que no!» Quería cumplir el propósito de Dios para mi vida, de modo que tuve que decidir que me armaría de valor y que cumpliría la obra que me había encomendado aunque sintiera temor.

Temor al éxito

Puede que no lo reconozca inmediatamente, pero el temor al éxito también la puede paralizar impidiéndole perseguir el propósito de su vida. Puede ser causa de que se atormente con pensamientos tales como: *Si tengo éxito, mis amistades tendrán envidia y me dejarán a un lado. El éxito me hará destacar en la multitud, y eso es lo último que quiero. Tendré que estar a la altura de lo que la gente espera de mí, y ya no podré tomar la vida con calma. Además, realmente no merezco tener éxito. El éxito me puede llenar de orgullo.*

El temor al éxito no solamente la hace presa fácil para los que no tienen la visión de Dios y piensan tales cosas de usted, sino que también la hace presa fácil de su propia imaginación acerca de lo que pudieran pensar. Lo mejor que puede hacer para contrarrestar este temor es reconocer que el verdadero éxito es solamente lo que Dios ve como éxito, no lo que digan o piensen los demás.

Temor a ser descubierta

El temor a ser *descubierta* es muy común y me refiero a éste como «síndrome del impostor». Es la excesiva preocupación de que la gente se dé cuenta que usted realmente no es tan inteligente, tan buena, tan graciosa, tan elocuente, tan organizada o tan amorosa como para cumplir verdaderamente el propósito de Dios para su vida. He visto a muchas mujeres ser muy afectadas por este temor.

¿Qué hacen los impostores? Muchos se esfuerzan lo más que pueden por ocultar quiénes son en realidad y tratan de mostrarse capaces ante el mundo. Es muy agotador preocuparse de que su *verdadero yo* sea expuesto, confirmando así que Dios se equivocó al escogerla para cumplir sus propósitos. Sé por experiencia personal y profesional, que el día en que una mujer decide dejar de ser impostora es el más feliz de su vida.

Recuerdo bien mi temor a ser descubierta después de haber sido despedida del trabajo y de pasar catorce meses buscando uno nuevo. Aunque estaba cumpliendo excelentemente mi nuevo trabajo, temía el día en que alguien descubriera que yo no era lo suficientemente competente. En vez de tratar de cumplir mis propósitos diarios para agradar a Dios, me esforzaba por ser una impostora que complace a su jefe.

Uno puede tropezar únicamente si está en movimiento.
ANÓNIMO

Quedaré eternamente agradecida a un amigo que me mostró una manera práctica de armarme de valor en esa situación. Él insistió en que anotara ejemplos de cómo Dios había provisto para mis necesidades y las de mis hijos mientras me encontraba sin trabajo. Cuando empecé a recordar y registrar los milagros de Dios en mi vida, vi que Dios había estado conmigo todo el tiempo, tal como lo había prometido. Esa evidencia de la fidelidad de Dios en mi vida me infundió valor.

Temor al fracaso

Uno de los temores más consumidores es el temor al fracaso. ¿Alguna vez ha dicho usted: «Si fracaso, nadie jamás creerá en mí. La gente creerá que soy tonta porque no puedo hacer bien las cosas. Susurrarán: "Ella cayó de cara al suelo. Supongo que eso le enseñará a no intentar ir tan lejos"»? Si es así, usted no es la única.

Mucha gente ve el fracaso personal como si fuera el virus del SIDA: amenazante de la vida, destructor y demasiado triste como para hablar de ello. Pero la realidad es que *fracasaremos*, y Dios en su gracia nos perdonará todos los defectos. De modo que espero que hasta este punto del camino haya aprendido a poner en perspectiva sus fracasos y a seguir avanzando a pesar de ellos. Si Dios la puede perdonar, ¿por qué no se arma de valor y se perdona a sí misma por sus errores: pasados, presentes y futuros?

El fracaso es el presagio del éxito.
ANÓNIMO

No importa cuáles sean nuestros temores, la única forma de crear un lugar libre de temor es no hacer nada y no ir a ninguna parte. ¡Qué angosto margen de vida que nos deja esto! Vamos a perecer ya sea de letargo o de claustrofobia. Así que si se encuentra viviendo en una pequeña caja cercada de temor por lo que Dios le está pidiendo que haga hoy con su vida, le doy una idea: ¡ore pidiendo claustrofobia! Al menos de esa forma su instinto será de escapar. En serio, acepte el perdón de Dios y pídale que la ayude a salir de la caja.

LAS MUJERES VALIENTES ME INFUNDEN CONFIANZA

Estoy agradecida a las muchas mujeres valientes que conozco, que no permitieron que el temor al rechazo ni al fracaso las frenara. Quisiera referirle acerca de tres notables mujeres que conquistaron al temor.

El padre de la reina Isabel I la maldijo al nacer por ser niña. El Papa la declaró ilegítima, y su media hermana la encarceló en la Torre de Londres. Más adelante en la vida, Isabel reinó en Inglaterra durante cuarenta y cinco años, tiempo en el que dicha nación creció en prosperidad, paz y poder. Ella instituyó el derecho a un juicio justo y fue pionera de programas de beneficencia social para los ancianos, los enfermos y los pobres.

Veintinueve colegas médicos rechazaron a Elizabeth Blackwell antes de que se convirtiera en la primera mujer en ejercer la medicina en los Estados Unidos. Después de que varios hospitales se negaron a emplearla, abrió un hospital para mujeres y niños indigentes en Nueva York. Más adelante, fundó una universidad de medicina para mujeres.

Cuando Mary McLeod Bethune, la menor de diecisiete hermanos, fue rechazada para hacer servicio misionero, comenzó una escuela. Las carpetas de los estudiantes eran cajas y usaban bayas de saúco como tinta. A fin de obtener dinero, ella y sus alumnos cargaron miles de libras de basura para el dueño del basural local. El Presidente Franklin Roosevelt distinguió a Mary como la primera mujer afro-americana que fue consejera presidencial.

Las mujeres valientes me inspiran confianza para cumplir las difíciles tareas del ministerio que Dios me asigna. No sé cómo conquistaron los temores que enfrentaron, pero sé que me encantaría impactar al mundo, como ellas lo hicieron, ¡a pesar de mis temores!

Siempre es muy pronto para abandonar. Nunca es muy tarde para comenzar.
ANÓNIMO

Déficit de valor

Un día en Calcuta, mi madre y yo nos armamos de suficiente valor para ser voluntarias en el Hogar para Indigentes Desahuciados. Para llegar allí tuvimos que tomar un ricksha (calesa oriental de dos ruedas tirada por un hombre) que avanzaba locamente, entrelazándose precariamente a través de las calles libres-para-todos, e hicimos un viaje peligroso de tren subterráneo, donde los carteristas acechan a los turistas en medio de la muchedumbre. Los otros voluntarios se aseguraron de que estuviéramos alerta cada segundo del trayecto.

El transporte público en la India no resultó ser tan amenazante como habíamos temido. Pero el Hogar para los Desahuciados resultó ser mucho más espantoso de lo que habíamos anticipado. Después de presentarnos en el mostrador de voluntarios, mi madre y yo nos lavamos las manos y nos pusimos los delantales ya sucios. Nos dijeron que dedicáramos unos minutos a aclimatarnos a nuestro nuevo entorno y que luego nos presentáramos a cumplir las tareas de la tarde. Cuando estábamos listas para trabajar, una Hermana de la Caridad nos informó que íbamos a bañar y dar de comer a varios pacientes, luego nos pidió que escojamos nuestro primer paciente. Mi madre y yo sonreímos temblorosas, nos tomamos de los hombros y estoicamente caminamos por todo el pasillo de la sala de mujeres. Estábamos intentando orientarnos, intentando hacer contacto con los pacientes moribundos, intentando encontrar algún indicio de esperanza, y, francamente, intentando ganar tiempo.

Nada en mi vida se había aproximado a prepararme para ministrar entre pacientes desahuciados. Olor a muerte rondaba por el aire. Lágrimas de pánico quemaban mis ojos. Incluso mi madre, que había sido enfermera en el ejército bajo el General Patton, parecía aterrorizada. No podía creer en mi incapacidad de sobrellevar esa situación. Mientras oraba pidiendo a Dios que calmara mi inquieto y preocupado corazón, comencé a dudar de mi cordura por siquiera pensar que podía ser una buena misionera laica, a corto plazo. ¿Cómo había cometido el error de aceptar este horripilante trabajo voluntario?

Por fin me sentí aliviada al ver a una mujer atractiva y sonriente acostada en el último catre. Nuestras miradas se encontraron. Ansiosamente anuncié a la supervisora de las Hermanas de la Caridad que nos gustaría pasar un rato conversando y tal vez alimentando a aquella paciente, pero de ningún modo quería bañarla. Y para asegurarme de que comprendiera mi intención, agregué que no le íbamos a cortar las uñas de los pies.

La muy prudente hermana susurró: «No es una buena elección. Escoja alguna otra. Esta paciente tiene tisis avanzada . . . es decir, tuberculosis».

Eso fue todo lo que necesitaba oír. Aunque había recibido todas las vacunas requeridas para un viaje internacional, la realidad del claro peligro presente —que me podía contagiar de una enfermedad mortal— me cayó como un rayo y me dejó incapacitada. Mi madre y yo, comunicándonos en nuestro idioma sin palabras de madre e hija, llegamos a una conclusión ejecutiva: era hora de escapar a escondidas. Llenas de temor, salimos por las escaleras que daban al techo. Una vez afuera, tomamos bocanadas de aire fresco y decidimos quedarnos allí el resto de nuestro turno.

Estaba conmocionada. Luego, me atacó la culpabilidad. ¿Por qué no podía llevar a cabo este ministerio especial con varias mujeres moribundas durante unas cuantas horas? ¿Por qué fracasaba tanto en mi vida cristiana todo el tiempo? ¿No podía yo hacer bien ningún ministerio? ¿Cómo iba Dios a confiarme un mayor propósito en la vida si ni siquiera podía dar un vaso de agua a un extraño en su nombre? Rompí en llanto y comencé a culparme diciendo: «¿Qué hay de malo conmigo?»

A los pocos minutos, un ángel en la forma humana de una voluntaria de largo plazo que estaba en su tiempo de descanso, se acercó a nosotras. Cuando la vi, pensé que nos iba a reprender por desertar nuestro puesto. Comencé a buscar una excusa, luchando para recordar si había algún mandamiento que decía: «Alimentarás y bañarás a los moribundos». Mi madre y yo estábamos tan alteradas por lo que habíamos visto en la planta baja que, simultáneamente, comenzamos a divagar excusas por nuestro comportamiento, con frases como: «Eh. . . no me siento bien. . . sonó mi beeper. . . qué vista pintoresca de la ciudad desde este techo».

La dulce mujer sonrió y nos pidió que le contemos lo que nos perturbaba. Mi madre me indicó que tomara las riendas y le dijera a nuestra visitante por qué había venido a Calcuta. La voluntaria pacientemente contestó mis preguntas acerca de la vida, la paz interior, la preparación espiritual, las metas de servicio a Dios y la búsqueda del propósito de mi vida. Me escuchó y nos dijo que Jesús comprende nuestro temor. No nos condenó por terminar nuestro turno sentadas allí. Sus oportunas palabras de consejo todavía hacen eco en mis oídos: «Tomen lo que han visto y denle buen uso allá en los Estados Unidos y en su propio hogar. Piensen con el corazón, no tanto con la cabeza. Caminen en los zapatos de otras personas y vean la vida desde su perspectiva. Sólo al amarlas podrán prestarles servicio».[3]

Aunque ella era una extraña para mí, el calor y la generosidad de esa mujer me bañaron y me alimentaron espiritualmente cuando me faltaba el valor para bañar y alimentar físicamente a otras. Me dijo que podía buscar sencillas oportunidades de servicio con mi familia y en mi propia comunidad. Es más, me aseguró de que Dios aclararía mi llamamiento, de modo que no debía preocuparme más acerca de los detalles de ¿dónde? ¿cómo? ¿cuándo? o incluso si Dios me pidiera que lo sirva en una forma grandiosa y dramática. Y muy enfáticamente, me dijo que debía estar muy agradecida por mis actuales roles en la vida.

Cuando regresé a los Estados Unidos, comencé a poner en práctica lo que ella me había recomendado, y aprendí a pensar con el corazón en vez de hacerlo con la cabeza. Cuando llevé a cabo ese «trabajo», Dios aumentó mi fe y me dio nuevo valor. Era como si Dios fuera un banquero que ingresó mi temor en sus libros de cuenta como débito, luego *perdonó mi deuda*, agregó unos cuantos fondos extra, ¡y me concedió crédito de valor! No es lógico, ¿pero quién soy yo para dudar de Dios?

No sé cuáles son los temores que la paralizan. Cualesquiera sean, le animo a que dé un paso de valor por vez. El Señor ha dicho: «Ya te lo he ordenado: ¡Sé fuerte y valiente! ¡No tengas miedo ni te desanimes! Porque el SEÑOR tu Dios te acompañará dondequiera que vayas».[4] Dios ha prometido estar con usted. No hay nada como asirse de su mano cuando pase por el temor, gritando: «Dios me ayudó hoy a derribar a Goliat, y todo está bien».

¿Sabía usted que Dios no necesita de nuestro valor para proseguir con sus planes? Podemos escoger cualquiera de las historias bíblicas —Jonás, Moisés, Ester o Pedro, por ejemplo— y ver que Dios llevó a cabo su obra en medio del temor de la persona. Así que solo tenemos dos opciones cuando se trata de los temores relacionados con el cumplimiento de nuestro propósito en la vida. La primera es completar las asignaciones de Dios pataleando y gritando de miedo. Y nuestra segunda opción es facilitar el viaje comenzando a entregarle nuestros temores a Dios, o al menos confiar en que él está con nosotros cuando hacemos su obra.

LA GUÍA DEL VIAJERO PARA ARMARSE DE VALOR

Las siguientes sugerencias la ayudarán a pisar firmemente sobre la roca del valor. Dedique todo el tiempo que sea necesario para completar los pasos que sean de más ayuda para usted, y repítalos tan a menudo como sea conveniente para seguir avanzando con valor.

Use el enfoque de jerarquía de temores

Haga una lista de todas las cosas que teme al pensar en cumplir los propósitos de Dios para su vida. ¿Teme que la envíe a África de misionera? ¿Teme no estar a la altura de las intenciones de Dios? ¿Teme defraudar a alguien que disfrutaba de su status quo anterior, o que la llamen una fanática de Jesús? ¿Teme tener que arrepentirse de un pecado de su vida o tener que cambiar su carácter? ¿Teme no tener suficiente dinero para la tarea o tener que renunciar a su trabajo? ¿Teme tener que renunciar a su ministerio actual, participar en un estudio bíblico, encontrarse con un desconocido o invitar a la iglesia a un vecino? ¿O tiene miedo de que le sobrevenga el temor de que la vida no tiene sentido? No importa cuáles sean sus temores, anótelos de leves a intensos.

Ore por su lista, y pida a otros que oren por usted para que Dios le revele la verdad acerca de sus temores respecto al propósito de su vida. Luego, decídase y reclame audazmente la promesa de Dios de que él estará con usted. Después, dé un pequeño paso y ofrezca a Dios uno de sus temores de menos envergadura. Siga con la lista, ofreciendo temor tras temor, todo el tiempo necesario. Recompénsese cada vez que venza un temor. (¡No una recompense de hacer compras o de comida!)

Hágase dos preguntas

Primero, pregúntese: «¿Me mantiene el temor centrada en mí misma?» Escriba su respuesta y repásela dentro de una semana. Si la llena de angustia, arrepiéntase del enfoque en sí misma.

Segundo, pregúntese: «¿Qué me ha robado el temor?» (Por ejemplo, una bendición de Dios, la oportunidad de bendecir a Dios o ser de bendición a otros.) Discuta su respuesta con una amiga y pida su consejo para armarse de valor y conquistar sus temores.

Aplique el método de «tan solo comer la espinaca»

Mi hermana, mi hijo y yo usamos el método de «tan solo come la espinaca» para persuadirnos a cumplir tareas que nos causan temor, y da resultado de verdad. Usted tal vez quiera hacer la prueba, ¡si odia la espinaca tanto como nosotros! Esta es la idea central: a veces sencillamente se tiene que comer la horrible *espinaca* —dando el primer discurso, presentando la idea de una novela o pidiendo algo difícil— antes de tener tiempo de oler y degustar el horrible asunto llamado temor. A veces el mejor curso a tomar es «hacerlo», aunque tenga temor de lo que está por delante. Confíe en que Dios le dará la victoria.

Alimente su valor con la Palabra de Dios

Hay varios pasajes en las Escrituras que nos ayudan a desarrollar valor. Los siguientes son algunos pasajes de los Salmos que no debe perderse. Léalos, medite en ellos y escriba en su diario acerca de ellos.

No me asustan los numerosos escuadrones que me acosan por doquier (Salmo 3:6, versículos de contexto: 5–7).

Aun si voy por valles tenebrosos, no temo peligro alguno porque tú estás a mi lado; tu vara de pastor me reconforta (Salmo 23:4, versículos de contexto: 3–5).

Aun cuando un ejército me asedie, no temerá mi corazón; aun cuando una guerra estalle contra mí, yo mantendré la confianza (Salmo 27:3, versículos de contexto: 2–4).

Busqué al Señor, y él me respondió; me libró de todos mis temores (Salmo 34:4, versículos de contexto: 3–5).

Por eso, no temeremos aunque se desmorone la tierra y las montañas se hundan en el fondo del mar (Salmo 46:2, versículos de contexto: 1–3).

No temerás el terror de la noche, ni la plaga que destruye a mediodía (Salmo 91:5, versículos de contexto 4–6).

No temerá recibir malas noticias; su corazón estará firme, confiado en el SEÑOR (Salmo 112:7, versículos de contexto: 6–8).

Libros recomendados acerca del valor

Feeling Secure in a Troubled World [Cómo sentirse segura en un mundo lleno de problemas], por Charles Stanley [5]

Women of Courage [Mujeres de valor], por Debra Evans [6]

ES HORA DE PEDIR VALOR

Teníamos un gato al que llamábamos «gato miedoso» porque todo lo hacía asustar. Se escondía como un fugitivo al escape, desapareciendo durante días sin dejar rastro, fuera de la comida que faltaba en su tazón. De vez en cuando, nos dignaba con su presencia, para luego ir corriendo a esconderse cuando sonaba el timbre de la puerta o del teléfono, cuando se ponía en marcha la cortadora de césped o cuando hablaba una voz no conocida.

Esa mascota fantasma es una perfecta imagen de cómo actúan a veces ciertas personas propensas al miedo. Como nuestro gato, siguen un patrón de «corre y escóndete». ¿Quisiera dejar de escapar y esconderse de sus más profundos temores? ¿Está dispuesta a entregar a Dios los temores que tiene respecto de cumplir sus propósitos? ¿Está lista a dar este siguiente paso hacia Dios y el propósito de su vida? ¿Está lista para armarse de valor?

Janet Congo, una querida amiga mía, dice esto acerca del temor en su libro *Free to Be God's Woman* [Libre para ser una mujer consagrada a Dios]:

> Las mujeres cristianas positivas dan un paso adelante aun cuando les tiemblan las piernas. ¿Por qué? Porque han estado arrodilladas en esas piernas que tiemblan. No solamente saben quiénes son, saben de quién son.[7]

Aunque le tiemblen las piernas, ¿confiará en que su bondadoso Dios le revele más acerca de sí mismo a fin de cumplir sus propósitos a través de su vida en el presente y en el futuro? ¿Está lista para dejar, en este momento, el temor a no ser lo suficientemente buena, el temor al ridículo, el temor al buen éxito o al fracaso, o cualquier otro temor? Para vencer el temor, tiene que decidir que saldrá de la caja de la autoderrota que limita su vida y su percepción de Dios. ¿Está lista para ser una valiente mujer consagrada a Dios? El Señor la está llamando para que confíe en él y se arme de valor. No hay mejor momento que ahora para empezar.

SABIDURÍA DE DIOS PARA EL CAMINO

EL PASO DE VIDA DE «ESTER»: ARMARSE DE VALOR

Para aprender una lección del valor de la reina Ester al dar este paso de su vida, lea Ester 1 al 10. Ester fue desafiada a arriesgar su vida para salvar a su pueblo judío, y respondió que se arriesgaría, diciendo: «¡Y si perezco, que perezca!» Si Dios le encomendara hoy una misión audaz, que le provocara temor, ¿cumpliría esa misión, pase lo que pase? Como Ester, ¿oraría y ayunaría (y pediría a otros que hagan lo mismo) antes de empezar? Pida a Dios que le dé su poder para obedecerlo, cuando no puede vencer sus temores, para que nada interfiera con lo que él tiene en mente para usted, ahora y más adelante.

Preguntas personales para el camino

1. ¿Qué es lo que más teme respecto de sus propósitos en la vida?
2. ¿Qué temores, si los hay, ha entregado con buen éxito al poder de Dios?
3. ¿Qué la está impulsando Dios a hacer respecto a uno o más de sus temores?
4. ¿Cuál es su respuesta a esta cita del pastor Adrian Rogers: «No tema cumplir la voluntad de Dios. La voluntad de Dios no la llevará adonde el poder de Dios no la pueda mantener»?[8]

NOTAS

1. (p. 184) Isaías 43:1–5.
2. (p. 184) Mateo 14:27, vea también los versículos 25–33.
3. (p. 190) Conversación con la autora en el techo del Hogar para Indigentes Desahuciados, Calcuta, India, 3 de diciembre de 1987.
4. (p. 191) Josué 1:9.
5. (p. 193)Charles Stanley, *Feeling Secure in a Troubled World* [Cómo sentirse segura en un mundo lleno de problemas], Thomas Nelson, Nashville, 2000.
6. (p. 193), Debra Evans, *Women of Courage* [Mujeres de valor], Zondervan, Grand Rapids, 2000.
7. (p. 194) Janet Congo, *Free to Be God's Woman* [Libre para ser una mujer consagrada a Dios], Ventura, Calif., Regal, 1985, 148.
8. (p. 195) Adrian Rogers, serie de casetes *Back to the Basic* [Hay que volver a las bases] volumen 2, *"How to Know the Will of God"* [Cómo conocer la voluntad de Dios, Love Worth Finding Ministries, Memphis, 1994.

Capítulo 13

Glorifique a Dios

Jesús . . . oró así: «Padre . . . Yo te he glorificado en la tierra, y he llevado a cabo la obra que me encomendaste.
(JUAN 17:1, 4)

¿Recuerda los paisajes que vio a la distancia cuando comenzó su jornada en el camino hacia el propósito? ¡Ahora están solo a un paso! Un último salto, y su vida será parte del hermoso paisaje que le llamaba la atención desde el otro lado del arroyo. El paso que está por dar es el más milagroso y alegre de todos: *glorificar a Dios al llevar a cabo la obra que le ha encomendado.*

Usted es una *poiemma*, «hechura de Dios».[1] Usted es su *magnum opus*, una preciosa obra maestra de enorme amor. Ingeniosamente, Dios la formó antes que naciera, preparándola perfectamente para un cautivante propósito de amplio alcance, que manifestaría su gloria. No puede ofrecer a Dios mayor adoración que glorificarlo con su vida.

Pero usted es la que decide si quiere cumplir la visión de Dios para su vida y glorificarlo por medio de ella. La decisión es suya. Dios será glorificado aunque usted no escoja andar en los caminos del Señor y cumplir su propósito en la vida. La gloria de Dios no depende de usted ni de mí, pero qué increíble privilegio tenemos de participar en su obra en la tierra. ¡Qué honra que Dios nos permita honrarlo en cada paso de la vida!

Creo que Bach, el compositor, comprendió tan bien como cualquiera este concepto. Es famoso por agregar a sus composiciones musicales la inscripción SDG, que son las iniciales en latín de *soli deo gloria*, que en español significa «solo a Dios la gloria». ¿Qué de usted? ¿Desea exaltar a Dios en todo lo que hace? ¿Está ansiosa por agregar las siglas SDG a la sinfonía de su vida?

¿Cómo será posible cumplir la tarea?

Una vez que ha captado la visión de Dios y ha aceptado el gran propósito para su vida, es lógico que se pregunte cómo cumplirá la tarea que Dios le ha asignado. Hasta puede preguntarse si es posible. A pesar de la inmensidad de la obra que tiene por delante, permítame asegurarle que es posible. En Mateo 11:29-30 Jesús nos dijo cómo llevarla a cabo: «Carguen con mi yugo y aprendan de mí, pues yo soy apacible y humilde de corazón, y encontrarán descanso para su alma. Porque mi yugo es suave y mi carga es liviana».

«Antes de formarte en el vientre, ya te había elegido; antes de que nacieras, ya te había apartado; te había nombrado profeta para las naciones». (Jeremías 1:5)

Jesús es nuestro ejemplo de cómo hacer lo que Dios nos pide. Mientras cumplía la obra de su Padre en la tierra, Jesús oraba continuamente pidiendo orientación y fortaleza para poder cumplir la inmensa tarea que tenía por delante. El propósito exclusivo de Dios para cada persona, requiere que nosotras también pidamos su poder y su gracia para cumplir los difíciles y variados aspectos de la obra que nos ha confiado. Pero la presión de cumplir la obra de Dios, en realidad, no cae sobre nosotras; ¡cae sobre Dios! Él es el que sabe lo que tenemos que hacer. Él es el que proveerá la fuerza y los recursos.

Andar con Dios y trabajar con él es como tener un sistema de orientación personal que nos mantiene en rumbo. Dios sabe adónde quiere que vayamos y cómo quiere que lleguemos allí. Nuestra responsabilidad es sencillamente presentarnos y decir: «Aquí estoy, Señor, para cumplir mi trabajo. ¿Cómo te puedo servir hoy? ¿Qué quieres que haga ahora? ¿Qué camino debo seguir? ¿Qué recursos, fuerzas y relaciones me has preparado?»

Dios siempre ha conocido el momento exacto de su nacimiento como el de su muerte. Él no le dará más de lo que pueda manejar antes de llevarla a su hogar celestial. Si se enfoca en seguir su propósito en la vida, Dios la ayudará a cumplir la obra que le corresponde efectuar aquí en la tierra. Esto es así, ya sea que esté al final de su camino o esté dando sus primeros pasos para prepararse a sí misma, su carácter, su economía, sus amistades o sus habilidades para la misión que tiene por delante.

Al considerar lo que debe ocurrir en su vida para permitir el plan de Dios, cuídese de no perder la esperanza debido a lo desconocido. Más bien, enfoque su mirada en lo que sabe y confíe los detalles a Dios. De esta forma habrá un mejor aprovechamiento de su tiempo, su fuerzas, sus recursos, su crecimiento espiritual, sus talentos, su carácter, sus experiencias y sus roles si se concentra minuciosamente en su alta vocación y en el enfoque de su destino. ¡Qué fiesta de propósito y gozo habrá planeado Dios para los que son fieles en cumplir su obra!

Como en cualquier trabajo, algunas empezamos tarde, otras tomamos largas pausas de descanso y otras jugamos al golf por la tarde. A pesar de nuestras deliberadas demoras y de los reveses inesperados de la vida, el modelo de Jesús es que llevemos a cabo la obra que se nos ha encomendado. No importa cuán imposible parezca hoy esa tarea, tome audazmente un paso hacia adelante para la gloria de Dios. Ansíe el día en que él la felicitará por haber llevado a cabo la obra que le encomendó aquí en la tierra. Espere con ansias oír sus palabras: «¡Hiciste bien, siervo bueno y fiel!»[3]

Una persona bien enfocada se comporta de manera muy distinta a alguien sin enfoque. La vida tiene más significado, mayor propósito y es más intensa. Si nos mantenemos bien enfocados, tendremos el objetivo de nuestro enfoque en el centro. Este principio se ve claramente en la manera en que se puede usar un lente para concentrar e intensificar los rayos del sol.[2]
TOM PATERSON

DESCUBRA UN GOZO QUE NUNCA HA SENTIDO

Cuando se termine nuestra vida en la tierra, ¡qué alegría será escuchar esas palabras de aprecio y aprobación de nuestro Señor! Pero no tenemos que esperar llegar al cielo para experimentar gozo. Dios nos recompensa con gozo cuando cumplimos su voluntad. Déjeme decirle cómo experimentamos ese gozo.

La mejor manera de cumplir fielmente la obra de Dios es estar unidos con Cristo de alma y corazón. Al andar con él para cumplir nuestro propósito y llevar a cabo sus planes, llegamos a conocer a Jesucristo como nunca antes. El resultado de ese íntimo conocimiento del Señor es gozo. Al llegar a conocerlo, comprendemos más y más por qué los ángeles cantaron «al mundo paz» cuando él nació.

El gozo se puede definir como gran placer o intensa satisfacción que nos llena de alegría. El verdadero gozo no se basa en las circunstancias. Está basado en nuestro reconocimiento de lo que Jesús ha hecho por nosotros. Significa estar tan llenas de su presencia que él se manifiesta en nuestros pensamientos, en nuestras actitudes y en nuestras acciones. Nuestro compromiso de cumplir la obra que Dios nos ha encomendado es nuestra respuesta de corazón a ese gozo.

El conocimiento de Jesús que obtuve durante mi larga jornada con él en el camino al propósito, por fin me ayudó a comprender lo que quiso decir la Madre Teresa cuando describió como *sumo gozo* su trabajo en los barrios pobres. No hay duda de que la fuente del placer y la satisfacción de la Madre Teresa era Jesucristo. Él la llenó de tanta alegría que no se podía apagar, aun en las horribles condiciones de los barrios pobres en los que vivía y trabajaba.

El gozo de glorificar a Dios haciendo su obra puede ser tan poderoso que podría llegar a cuestionarse si es malo o pecaminoso sentir tanta satisfacción al hacerlo. Esto sucede especialmente si siente que no merece ser feliz, si desde niña le enseñaron que la realidad siempre es dura o si piensa que el ministerio debe ser una obligación tediosa. Pero créame, no es pecado sentir el placer de Dios al cumplir sus planes. ¡Es un regalo!

En la película *Chariots of Fire* [Carrozas de Fuego], vislumbramos la vida de Eric Lidell, un consagrado misionero escocés de principios del siglo veinte, que también era un corredor olímpico. En sus esfuerzos por explicar su pasión por la carrera, Eric dice: «Cuando corro siento el placer de Dios». Usted y yo no somos distintas. Puede que no corramos, pero Dios nos ha creado —igual que a Eric— para que sintamos su complacencia al hacer aquello para lo cual nos diseñó.

Esta magnífica idea de permitirnos sentir gozo —de sentirnos completas y satisfechas al hacer la obra de Dios— es para mí uno de los regalos de Dios más impresionantes. ¡Qué excelencia de Dios crearnos de tal manera que nos sintamos más realizadas y alegres cuando somos útiles y hacemos lo que nos encanta hacer! Es la segunda cosa que le voy a agradecer cuando llegue al cielo; la primera es la gracia que me ha dado por medio de su Hijo, Jesucristo.

Sin embargo, considero que mi vida carece de valor para mí mismo, con tal de que termine mi carrera y lleve a cabo el servicio que me ha encomendado el Señor Jesús, que es el de dar testimonio del evangelio de la gracia de Dios.
(HECHOS 20:24)

¡HABRÁ MILAGROS!

No sólo sentiremos gozo al honrar a Dios mediante la obra que nos ha encomendado, veremos también que abundan los milagros entre la última piedra y la orilla del arroyo. Los milagros nos ayudarán a superar los obstáculos, nos darán esperanza en las demoras, y nos guiarán a tomar las correctas decisiones. ¡Y tendremos necesidad de cada milagro!

Los héroes de fe de la Biblia, como Noé, Abraham, José y otros dan testimonio de que sin los poderosos milagros de Dios hubieran fracasado. ¿Qué milagros hizo Dios para que se cumpliera su obra? En el caso de

Moisés y Josué, dividió las aguas del Mar Rojo, envió maná del cielo, hizo brotar abundante agua de rocas en el desierto, derrotó incontables enemigos y mucho más. Igualmente, el empeño sin igual que Dios ha reservado para usted requerirá modernos milagros e increíbles hazañas que solamente él puede efectuar. Usted pudo haber visto milagros antes, pero las personas que ya han dado este paso le dirán: «Amiga, ¡todavía no has visto nada!»

No importa cuánto tiempo llevó, o llevará todavía, recibir la visión de Dios, no importa cuánto trabajo ha hecho o tiene que hacer en vías a su propósito, o lo mal preparada que se siente, puede confiar en que Dios —el Creador de todas las cosas— suplirá cada una de sus necesidades. Puede estar segura de que él irá delante de usted y abrirá las puertas que anteriormente estaban cerradas. Puede confiar en que la lleve en las alas de cualquier milagro necesario para cumplir la tarea.

Por supuesto, tendrá que hacer su parte, pero usted es solamente uno de los actores en la gigantesca y espléndida obra de Dios. Él es el omnisciente guionista, el maestro director, que compondrá la escena de tal modo que usted pueda cumplir su parte para la gloria de Dios. Esto no significa que no tendrá problemas ni pruebas en este mundo caído, pero puede contar con que Dios hará por usted inconcebibles milagros.

Conforme cumpla su propósito, quedará asombrada ante la majestuosidad de un Dios que la ha rescatado de su pequeñísima y limitada perspectiva, y la ha colocado estratégicamente en su gran producción. Esto es más que suficiente para que usted eleve las manos al cielo en celebración, emocionada de no haberse dado por vencida, sobrecogida de gozo porque la roca en la que firmemente ha plantado sus pies es el Dios Todopoderoso. Ser parte de algo tan milagroso, como cumplir el propósito que le ha encomendado, le hará exclamar: «Gracias, Jesús, por permitirme a mí, una mujer común y corriente, participar en tu gran obra. Aunque no soy digna, me escogiste y me pusiste nombre. Aunque soy incapaz me equipaste, y milagrosamente has preparado la senda que debo seguir. Gracias por el extraordinario privilegio de ser usada por ti. »

No se suelte de la mano del Señor

¿Tiende usted a escaparse por *la salida de los cobardes* en las montañas rusas, o avanza en la cola hasta sentarse y abrocharse el cinturón de seguridad? En este punto del camino, creo que Dios espera que no haya lugar a volver atrás. Usted se ha comprometido a glorificarlo en su vida, y debe cumplirlo. De modo que abróchese el cinturón y agárrese bien. ¡Será un paseo excepcional!

Ya no es suficiente observar a Jesús a la distancia con la esperanza de aprender algo más acerca de una vida consagrada. Ahora, se trata de que Jesús viva en usted y brille a través de usted con toda su fuerza, sabiduría y gracia. La pregunta ya no es: «¿Qué haría Jesús?» sino «¿Cómo puedo cooperar con Jesucristo para glorificarlo en mi vida?»

Es hora de soltar su necesidad de control. Es hora de bajarse de su trono de goma y darle el control a Dios. Su gloria se manifestará cuando decida escuchar su voz y obedecer sus órdenes. Por eso es muy importante que aprenda a obedecer cada una de las instrucciones bíblicas, de los pasos de crecimiento, en el camino hacia el propósito. Cada paso es una preparación decisiva para magnificar a Dios siguiendo el propósito exclusivo de su vida.

No se suelte de la mano del Señor. A veces sentirá como si Dios la hiciera avanzar a velocidad supersónica y otras veces a paso de caracol. A veces entrará en pánico y otras veces la sobrecogerá la emoción. Sentirá temor ante los inevitables problemas que probarán su paciencia, pero la euforia de participar en el glorioso plan de Dios la llenará de emoción.

Como usted bien sabe, durante muchos años tuve interrogantes y anhelos respecto de mi propósito sin hallar respuesta. Y también sabe que Dios me dio pistas e impresiones acerca de su visión para mi vida que me dejaron estupefacta. Había oído, por ejemplo, que mi pastor, Rick Warren, quería que nuestra iglesia fuera una de las iglesias más espiritualmente maduras de los Estados Unidos. Yo tenía grandes deseos de colaborar en ese esfuerzo, pero no sabía cómo.

Mientras tanto, trabajé como voluntaria en la iglesia y soñaba con ser parte del personal asalariado. Pero nunca me imaginé que ocurriría. Entonces, repentinamente, me emplearon para hacer investigación de sermones. Como una montaña rusa, una cosa llevó a la otra, y me convertí en la directora del seminario acreditado de Saddleback, que era parte del plan de crecimiento espiritual de la iglesia. Mis otras responsabilidades incluían el desarrollo de material de crecimiento espiritual, designado a ayudar a nuestros miembros a ser todo lo que Dios tenía preparado para ellos. Esas tareas me ayudaron a ver la importancia del camino de una mujer hacia el propósito. ¡Qué sorprendente jornada!

«No me escogieron ustedes a mí, sino que yo los escogí a ustedes y los comisioné para que vayan y den fruto, un fruto que perdure. Así el Padre les dará todo lo que le pidan en mi nombre».
(JUAN 15:16)

Dios efectuó un majestuoso milagro, en el debido tiempo según sus planes, para que pudiera cumplir el sueño que había puesto en mí para servir a las mujeres. Mi principal tarea durante el largo proceso fue soportar, darle a él la gloria y enfocar mi atención en las responsabilidades que me asignaba en cada paso del camino. Verdaderamente, mi función era, y sigue siendo, inclinarme ante él como mi Salvador y Rey y servirle. Mi responsabilidad era, y es, creer en la promesa de que él, realmente, tiene un gran plan que involucra emocionantes propósitos para mi vida. Mi trabajo, como mujer que ha probado la angustia de no tener propósito, es glorificarlo indicando el camino hacia el propósito a otras mujeres que buscan al Señor.

LA GUÍA DEL VIAJERO PARA GLORIFICAR A DIOS

Las sugerencias que siguen a continuación le ayudarán a glorificar a Dios en cada paso que dé en su camino hacia el propósito.

Comente sus impresiones de Dios

> *El mejor uso que se le puede dar a la vida es gastarla en algo que durará más que ella.*
> WILLIAM JAMES

Erma Bombeck dijo una vez: «Se necesita gran valentía para contarle a otra persona nuestros sueños». Estoy muy de acuerdo. De modo que la animo a dar un paso de fe y buscar una «Compañera de Propósito», una consejera cristiana confiable a quien pueda contarle las impresiones que Dios le ha dado de su razón de ser. No atraviese sola el proceso. Déle a otra persona el privilegio de ser testigo del milagro que Dios obrará en usted conforme lo magnifica en su vida.

Pídale a Dios que le envíe una mujer prudente y consagrada, a la que no solo le interese instruirla en el cumplimiento de la visión para su vida, sino que también esté interesada en su madurez espiritual a lo largo del camino. Como el hierro afila al hierro, su consejera afilará su conocimiento del motivo por el que Dios la ha creado y lo que la ha llamado a hacer.

Haga limpieza

Dígale al Espíritu Santo que está lista para hacer más limpieza. Dígale que está limpiando las telarañas que quedan en las esquinas de su vida y sus pensamientos. Pídale que la ayude a sacar la basura y el desorden que limitan su contribución al reino de Dios.

Escoja el gozo; escoja a Jesús

Haga algo radical: escoja el gozo minuto a minuto en medio de las pruebas, los desafíos, los reveses aunque sea en medio de su frenético horario. Decida consagrarse totalmente a Jesús, la fuente de sumo gozo. Crea que a él le importa cada pieza rota de su vida; converse continuamente con él; ame a los demás, y no olvide honrar a su Padre en todo lo que hace. Escoja el gozo al escoger a Jesús. Deje que el amor de Jesús brille en usted.

Anote los milagros en un diario espiritual

Si todavía no tiene un diario espiritual, trate de conseguir un cuaderno o el diario que acompaña a este libro «*Diario personal del camino al propósito para mujeres*» en el cual puede anotar los milagros que Dios realizará en su vida. Ponga de título en una página de su diario: «Recuerdo de los milagros», y haga una lista de los grandes milagros que Dios ya ha realizado en su vida. Deje bastante espacio en las páginas siguientes para apuntes futuros. El salmista dijo: «Prefiero recordar las hazañas del SEÑOR, traer a la memoria sus milagros de antaño».[4] Acostúmbrese a anotar los insondables caminos de Dios. Esto la ayudará a recordar su poder y majestuosidad cuando más lo necesite.

LIBROS RECOMENDADOS ACERCA DE LA MISIÓN DE DIOS

Designing a Woman's Life [Cómo diseñar la vida de una mujer], por Judith Couchman [5]

Game Plan [Plan de juego], por Bob Buford [6]

ES HORA DE GLORIFICAR A DIOS LLEVANDO A CABO LO QUE LE HA ENCOMENDADO

¿En qué está enfocando la energía de su vida? ¿En algo que le traerá fama, placer, riquezas, aventura o poder? ¿O la está aplicando a cumplir los propósitos de Dios? La animo a comprometerse a centrar su vida en sus funciones diarias y en los propósitos para los que Dios la ha llamado.

¿Aceptará la invitación a presentarse cada día del resto de su vida en donde él esté obrando? ¿Se presentará con un deseo apasionado de glorificar y alabar su nombre, y de testificar de su amor haciendo cualquier cosa que le pida? E igualmente importante, ¿lo servirá como mensajera de esperanza a todos los que necesitan al menos un vistazo de la visión de Dios para su vida? Pido a Dios que su respuesta a todas estas preguntas sea un sí, y pido también en oración que dé este siguiente paso de *glorificar a Dios cumpliendo la obra que le ha encomendado.*

¿Se está dando cuenta de que la obra que Dios ha diseñado para usted es tan significativa que vale la pena cualquier sacrificio? No hay mayor privilegio que entregarse por completo al servicio de Dios y sus eternos propósitos. ¿Habrá otra cosa por la que valga la pena entregar su vida? No la hay. No hay cosa que siquiera se asemeje a esto.

Cuando por fin comprendí para qué Dios me había llamado, escribí cómo me sentía al estar embarcada en la jornada de mi propósito:

> Lo gracioso es que, a los cuarenta y siete años de edad, siento que los planes de Dios para mí recién están empezando a acelerarse, y que el viaje con Jesús será mil veces más gozoso, milagroso, divertido y centrado de lo que jamás pudiera haber imaginado. Experimentar el propósito de Dios para mi vida ha sido como un baúl de tesoros de esperanza. Es como si hubiera visto a Dios por una fracción de segundo. Estoy sobrecogida de gratitud hasta el punto de decir: «Prefiero tener un segundo de experimentar la voluntad de Dios en mi vida, que más de cien años de placer terrenal. ¡No cabe duda de ello!»

Mi oración para usted, tomada de Jeremías 6:16, es: «Deténganse en los caminos y miren; pregunten por los senderos antiguos. Pregunten por el buen camino, y no se aparten de él. Así hallarán el descanso anhelado». Pido a Dios que no se dé por vencida, que haga lo necesario para sanar las heridas de su corazón y poder avanzar, haciendo hoy lo que importa hoy. Pido que tenga presente sus motivaciones en todo lo que haga. Aunque yo no he caminado en sus zapatos, ni usted en los míos, ruego a Dios que comprenda la importancia de velar unos por otros en el camino. Pido en oración que se enamore de Jesús con todo su corazón, que busque la paz y que escuche con atención cada palabra que le diga. Es también mi oración que lleve una vida apasionada en total entrega a Dios, que se arrepienta de sus pecados y que lo sirva fielmente por el resto de su vida. Pido a Dios que sea llena hasta rebosar de expectativa, visión y valor. Cuando vaya desarrollando los propósitos cotidianos y exclusivos de Dios para su vida, pido que alcance su plenitud y llegue a ser la mujer que él previó antes de la fundación del mundo.

La animo a leer esta promesa de las Escrituras y escribir su nombre para hacerla su oración:

Yo seré para ____________ como el rocío, y l[a] haré florecer como lirio. ¡Hundirá sus raíces como cedro del Líbano! Sus vástagos crecerán, y tendrán el esplendor del olivo y la fragancia del cedro del Líbano. Volverán a habitar bajo mi sombra, y crecerán como el trigo. Echarán renuevos, como la vid, y serán tan famosos como el vino del Líbano.[7]

Confíe en que Dios está cumpliendo sus grandes propósitos por medio de su vida. Que su jornada con Jesucristo sea un testimonio a los demás del amor y la redención que él ofrece. Que el gozo del Señor llene su corazón y que sus propósitos llenen sus días para que disfrute de una fenomenal aventura en el camino hacia el propósito.

SABIDURÍA DE DIOS PARA EL CAMINO

El paso de vida de «Sara»: glorificar a Dios al llevar a cabo la obra que le ha encomendado

Para aprender una lección sobre la vida de Sara (que por dudar casi perdió lo mejor que Dios tenía para ella), lea Génesis 18:1-15. Sara escuchó (por medio de Abraham y algunos extraños visitantes) el plan de Dios de darle un hijo. Como tenía noventa años de edad, se rió y dudó. Cuando Dios le dé un sueño imposible, ¿cuál será su reacción? ¿Lo glorificará llevando a cabo la obra que le encomiende, confiando en que él se encargará de los obstáculos?

Preguntas personales para el camino

1. Escriba cualquiera de los pasos que ya haya tomado en el camino hacia el propósito. Haciendo un repaso de los ejercicios al final de cada capítulo, escriba una meta de tres meses junto a cualquier paso que todavía no ha dado o que tiene necesidad de volver a estudiar.

Pasos hacia el propósito

Olvidar lo que queda atrás y esforzarse por alcanzar lo que está adelante (Sanidad y esperanza en el plan de Dios)

Hacer hoy lo que Dios la envió al mundo a hacer (Roles que cumple)

Amar a los demás como Cristo la ama (Relaciones saludables)

Buscar la paz y seguirla (Paz interior)

Arrepentirse y apartarse de todas sus maldades (Cambio de vida)

Lavar los pies de otras personas (Servicio)

Andar en integridad, no en hipocresía (Motivaciones puras)

Esperar que Dios le dé los deseos de su corazón (Pasión)

Ofrecer su vida en sacrificio a Dios (Entrega)

Esperar ansiosamente que el Señor Dios Todopoderoso le revele su visión (Visión)

Armarse de valor (No temer)

Glorificar a Dios al llevar a cabo la obra que le ha encomendado (Glorificar a Dios)

2. ¿Qué le dice este versículo Éxodo 9:16: *Pero te he dejado con vida precisamente para mostrarte mi poder, y para que mi nombre sea proclamado por toda la tierra.*

NOTAS

1. (p. 197) Vea Efesios 2:10 (del griego)
2. (p. 199) Tom Paterson, *Living the Life You Were Meant to Live* [Cómo vivir la vida que Dios tiene para usted], Thomas Nelson, Nashville, 1998, 173.
3. (p. 199) Mateo 25:21.
4. (p. 204) Salmo 77:11.
5. (p. 205) Judith Couchman*Designing a Woman's Life: A Bible Study and Workbook* [Cómo diseñar la vida de una mujer: Un estudio bíblico y manual, Multnomah, Sisters, Ore., 1996.
6. (p. 205) Bob Buford, *Game Plan* [Plan de juego], Zondervan, Grand Rapids, 1999.
7. (p. 206) Oseas 14:5–7.

GUÍA DE DISCUSIÓN EN GRUPO

SUGERENCIAS ÚTILES PARA PEQUEÑOS GRUPOS U OTROS USOS

Aunque hay trece capítulos en este libro, la guía de discusión combina los capítulos uno y dos para un estudio en grupo de doce semanas. Las preguntas para cada «sesión» (nunca menos de siete ni más de once) proveen suficiente material de estudio para más o menos una hora de discusión, dependiendo del tamaño y la locuacidad del grupo. Usted puede omitir preguntas o agregar algunas propias. Y, por supuesto, conforme al grupo, lugar y tiempo disponible, incluya tiempo para que las participantes conversen y oren juntas.

Otra idea sería invitar a su pequeño grupo a leer el libro por su cuenta. Luego fijar una fecha para reunirse y discutir lo que cada una ha comprendido, más o menos como se haría en un club de lectura.

También puede usar el libro con una Compañera de Propósito (vea *Conversaciones con propósito*) o en un retiro de mujeres. En un retiro de tres sesiones, la oradora podría dividir el libro como sigue: primera sesión, capítulos 1-4; segunda sesión, capítulos 5-8; y tercera sesión, capítulos 9-13. En un retiro de cuatro sesiones se podría dividir así: primera sesión, capítulos 1-2; segunda sesión, capítulos 3-6; tercera sesión, capítulos 7-10; y cuarta sesión, capítulos 11-13.

CAPÍTULOS 1 Y 2: ¿ESTÁ SU VIDA FUERA DE SINTONÍA? *Y* DEJE ATRÁS SU PASADO

1. Abra la primera reunión invitando al grupo a conversar sobre una de las siguientes preguntas del capítulo uno que sea pertinente:

- Amado Dios, ¿cuál es mi lugar? ¿Cómo puedo influir en el mundo? ¿Qué lugar tienes para mí?
- ¿Hay alguien que me necesita de veras? ¿Importa siquiera mi existencia en este mundo?
- ¿Por qué me siento fracasada como cristiana?
- ¿Por qué no disfruto de mi ministerio en la iglesia, de mis responsabilidades familiares o de mi trabajo? ¿Por qué me siento tan insatisfecha?
- ¿Por qué no soy feliz? ¿Por qué estoy arrepentida de tantas cosas?
- ¿Es esto todo lo que hay en la vida? ¿Es así como Dios quiere que sea mi vida?
- ¿Cuándo dejé relegados mis sueños y pasiones?
- Si escuchara el llamado de Dios, ¿tendría el tiempo o la fortaleza espiritual de seguirlo?

2. Imagine que está tratando de llevar algo pesado, como una mochila sobrecargada. ¿Cómo siente el desequilibrio por ese peso extra? ¿Cómo la afecta hoy llevar el «peso extra» del pasado?
3. ¿En qué forma su pasado, tanto lo *bueno* como lo *malo, de lo cual ya se ha ocupado*, ha influido positivamente en su vida? En otras palabras, ¿ha añadido profundidad de carácter y empatía por sus hermanos en Cristo? ¿Le ha enseñado humildad o paciencia? ¿Ha buscado el perdón o ha aprendido a perdonar?
4. Describa alguna vez en que ha consolado a otra persona con el consuelo que usted ha recibido de Dios (vea 2 Corintios 1:3-7, especialmente el versículo 5). ¿Cómo cambió su comprensión de cómo Dios obra esa experiencia?
5. ¿En qué forma su testimonio refleja dificultades, quebrantamiento y renovación?
6. Intercambien ideas sobre algo que han aprendido o aplicado de la historia de María Magdalena, en Lucas 8:2 y Juan 20:1-18, acerca de «olvidar lo que queda atrás y esforzarse por alcanzar lo que está delante» (vea la página 39).
7. ¿Cuál de los siguientes pasos de acción quisiera dar esta semana (páginas 36-38)? ¿Por qué?
   - Escribir acerca del dolor a fin de superarlo
   - Buscar ayuda profesional
   - Recordar un tiempo en que recibió sanidad
   - En oración, decidir confiar en Dios
   - Escribir su testimonio
   - Preguntar: ¿A quién dará esperanzas mi dolor?
   - Rodearse de personas que tengan esperanza

CAPÍTULO 3: HAGA LO QUE IMPORTA HOY

1. ¿Qué roles en la vida la hacen saltar de alegría y cuáles la hacen sentir agotada?
2. Discutan si hay relación entre su manera de llevar a cabo las rutinarias tareas cotidianas y un propósito interesante, mayor que la vida, más adelante.
3. Describa una vez en que Dios bendijo su fiel obediencia en los quehaceres diarios.
4. Recuerde una oportunidad en que aplicó la Palabra de Dios a sus circunstancias diarias. ¿Cómo la afectó esa experiencia? ¿Es costumbre que lo haga?
5. ¿Buscan los pastos más verdes de asignaciones más grandiosas o de amplio alcance, o se contentan con su actual sentido de propósito?
6. Intercambien ideas sobre cualquier percepción o aplicación de «cumplir sus funciones en la vida» que recogen de la historia de Lidia en Hechos 16:11-15 (vea las páginas 55-56).
7. ¿Qué quiere Dios que usted sea y haga en su rutina diaria?
8. ¿De qué forma puede ser una gran misionera de Cristo («una persona enviada a hacer una obra religiosa o de caridad en algún lugar») en su hogar, en la iglesia, en la oficina, en la escuela, en el vecindario, en un estado o en una nación?
9. ¿Cuál de los siguientes pasos de acción quisiera dar esta semana (p. 53-54)? ¿Por qué?
    - Dar orden de prioridad a sus roles
    - Tener cuidado de sí misma
    - No dejarse llevar por el pánico
    - Aprovechar cada momento

CAPÍTULO 4: AME A LOS DEMÁS COMO CRISTO LA AMA

1. Discutan dónde se encuentran en esta escala de amor. ¿Ama usted a los demás o no tiene deseos de aprender a amarlos? Recuerde un ejemplo de los primeros años de su vida.

    0- ¡Salgan de mi camino o los atropello!
    3- Aguantar a cierta gente, a veces me da lo que deseo.
    5- Mucha gente es rara, pero vale la pena llegar a conocer a estas personas.

7- Me gusta la mayoría de la gente.
10- Considero muy valiosa a cada persona.

2. ¿Alguna vez ha intentado servir sin amor, anunciar el evangelio sin amor o crecer espiritualmente sin amor? Comente sus experiencias con el grupo.
3. ¿Qué opina de lo siguiente? *Convertirnos en una mujer que ama a los demás como Jesucristo ama no es meramente una amable sugerencia; es un mandato bíblico.*
4. Sin entrar en detalles, hablen acerca de cómo han aprendido la dura lección con respecto a los límites, la confianza, los compromisos, el odio, la intolerancia, la dependencia, el abuso o la negligencia.
5. Diga a quiénes acude en tiempos de desaliento o cuando tiene algo que celebrar.
6. Explique si tiene o no la *enfermedad del destino* (estar más preocupada en llegar al destino que disfrutar del viaje).
7. ¿Cómo puede el perfeccionismo impedir a una mujer que ame a los demás?
8. Discuta si la vida para usted es más semejante a una carrera de tres pies o a un juego de solitario.
9. Lea 1 Corintios 13, el «capítulo del amor» (en una versión de lenguaje moderno). ¿Cómo se fundamentan las palabras del apóstol Pablo en el mandamiento de Jesús en Juan 13:34-35?
10. ¿Cuál de los siguientes pasos de acción quisiera dar esta semana (p. 66-68)? ¿Por qué?
    - Verificar la necesidad de relaciones
    - Ejercer una influencia afectuosa
    - Asistir a la iglesia
    - Extender el perdón
    - Orar por los poco afectuosos y los que no se dejan querer

CAPÍTULO 5: BUSQUE LA PAZ

1. ¿Cómo reacciona a este imperativo bíblico: *Busca la paz, y síguela*?

2. ¿Dónde se encuentra en la Escala Ritcher de Paz Interior?

1 2 3 4 5 6 7 8 9

Totalmente desesperada **Un poco serena** **En paz**

3. Lea la historia de las dos hermanas, María y Marta, en Lucas 10:38-42 (vea la p. 86). Conversen acerca de lo positivo y lo negativo de cada personalidad, y cómo esto afecta a «buscar la paz».
4. Intercambien ideas acerca de este concepto: *Cuando tenemos más intimidad con Jesús, aprendemos a reconocer la voz de Dios, lo que nos facilita comprender nuestras asignaciones actuales y de largo plazo.*
5. ¿Cómo toma decisiones en los asuntos familiares, en las finanzas y en los proyectos? ¿Cómo le gustaría tomar esas decisiones?
6. ¿Qué relación cree que hay entre la oración, la paz y el propósito?
7. Hablen acerca de cómo oír la voz de Dios en medio de la rutina diaria. ¿Puede pensar en un nuevo enfoque esta semana?
8. ¿De qué manera es la búsqueda de la paz un propósito en la vida?
9. Comente alguna vez en que Dios le dio sabiduría después de haber pasado tiempo con él.
10. ¿Cuál de los siguientes pasos de acción quisiera dar esta semana? (p. 83-85) ¿Por qué?
    - Practicar el silencio
    - Acabar con el parloteo interminable de la mente
    - No sentirse culpable si el silencio la hace dormir o tomar una siesta
    - Cambiar su ritmo intencionalmente
    - Evitar a los asesinos de la paz

CAPÍTULO 6: ARREPIÉNTASE DE TODAS SUS MALDADES

1. Repase este párrafo del capítulo (página 89):

   La piedra *arrepiéntete y apártate de todas tus maldades* hace titubear a muchas mujeres, casi como si estuvieran recibiendo lecciones de «salsa». (Paso hacia adelante, pie izquierdo. Paso hacia atrás, pie derecho.)

   Dé un ejemplo específico de lo que ha sido en el pasado su *paso titubeante* al arrepentimiento.
2. ¿Cuál cree que es la relación entre la formación de su carácter (menos pecado, más arrepentimiento y más obediencia) y un propósito definido en la vida?
3. En algún punto de su vida, ¿qué cambio ha producido en usted el arrepentimiento?
4. ¿Qué pasos recomienda usted para evitar o resistir la tentación?
5. ¿Cómo se identifica usted con los pecados universales mencionados por los jóvenes internos?

- Egoísmo
- Envidia
- Dudas
- Terquedad
- Codicia
- Ociosidad
- Juzgar a otros
- Ira
- Adicciones/obsesiones
- Gratificación instantánea

6. Lea la conversación de Jesús con la mujer samaritana en Juan 4:4-42 (los versículos 7-29 dan el núcleo de la historia). ¿Por qué cree que él pudo confrontarla tan francamente acerca del pecado sin ofenderla? ¿Qué evidencia inicial de arrepentimiento en la mujer es evidente en esta Escritura?
7. ¿Cuál es el cambio más notable que ha visto en la vida de alguien como resultado de su arrepentimiento?
8. ¿Cuál de los siguientes pasos de acción quisiera dar esta semana (p. 98-101)? ¿Por qué?
   - Buscar a Dios
   - Memorizar una Escritura
   - Considerar las consecuencias de sus pecados
   - Considerar las bendiciones perdidas
   - Aceptar la reprensión
   - Ser sincera acerca de ciertos pecados
   - Orar

CAPÍTULO 7: LAVE LOS PIES DE OTRA PERSONA

1. ¿Hay alguien en su grupo que ha lavado los pies o cortado las uñas de los pies de alguien fuera de sus propios hijos? Describa la experiencia. Si no, describa una experiencia similar de algún servicio práctico que exigió mucho.
2. Lea en Juan 13:1-17 el relato de cuando Jesús lavó los pies de los discípulos. ¿Qué aprende acerca del servicio en este pasaje, especialmente los versículos 13-17?
3. ¿Qué dice del concepto introducido por Hernry Blackaby y Claude King: *Observe y vea dónde Dios está obrando, y únase a él*? ¿Qué desafíos y oportunidades pudiera presentar esto para usted?

4. ¿Cuándo y cómo aprendió que el servicio humilde a los demás es uno de los propósitos de Dios para su vida?
5. Piense en un ejemplo en que Dios obró poderosamente para extender la influencia y el ministerio de alguien que se sometió en obediencia.
6. Describa cómo ha aprendido empatía y paciencia al dar pasos hacia el cumplimiento de sus propósitos.
7. ¿Dónde se encuentra en el proceso de descubrir sus dones espirituales?
8. Hable de una cosa que ha aprendido al cumplir un ministerio en la iglesia o en el campo misionero.
9. Dé el ejemplo de un «gol» de obediencia (hacer inmediatamente y de buena gana lo que Dios quiere) de su propia vida o de la experiencia de otra persona.
10. ¿Cuál de los siguientes pasos de acción quisiera dar esta semana (p. 115-117)? ¿Por qué?
    - Aprovechar hoy una oportunidad para dar de sí misma
    - Pensar a largo plazo acerca del servicio
    - Mantener el equilibrio; no pasarse de la raya
    - Examinarse. Hacer un inventario de los dones espirituales
    - Probarse nuevos zapatos de ministerio

CAPÍTULO 8: CAMINE EN INTEGRIDAD

1. ¿Por qué motivos quiere que Dios le revele el propósito especial para su vida (por ejemplo: para satisfacer su curiosidad, para poder jactarse o añadir emoción a su vida)? ¿Ha descubierto algunas motivaciones ocultas al reflexionar en este capítulo?
2. ¿Cómo podría el chisme ser una subyacente y destructiva razón para preguntar por una necesidad de oración?
3. Sin decir nombres ni circunstancias identificables, mencione si alguna vez ha sido testigo de una falta de integridad en alguien que lo ha llevado al engaño, a la envidia, a los chismes, a las intrigas, a la malicia, a la adulación, a la traición y a maldades ocultas. ¿Cuáles fueron las peores repercusiones de la hipocresía de esa persona?
4. Piense en las siguientes motivaciones impuras que podrían causar graves daños en una relación: manipular una situación, controlar una opinión, buscar venganza, crear problemas, avergonzar a alguien o presumir de talento, belleza o conocimiento. Cuando reconocemos estas motivaciones falsas en

nosotras mismas, ¿cómo podríamos cooperar con Dios para contrarrestarlas?

5. Lea estos tres versículos bíblicos acerca de las motivaciones: 1 Crónicas 28:9; Proverbios 16:2; y 1 Corintios 4:5. Intercambien ideas sobre los principales conceptos presentados allí.
6. Recuerde un tiempo en que usted u otra persona han sido impulsados por la culpabilidad. Con el conocimiento que tiene hoy, ¿cómo manejaría la situación?
7. ¿Cuál de los siguientes pasos de acción quisiera dar esta semana (p. 130-131)? ¿Por qué?
   - Pedir a Dios un ejemplo específico respecto de sus motivaciones
   - Pedir a una amiga detalles específicos acerca de sus motivaciones
   - Ofrecer sus motivaciones impuras a Dios

CAPÍTULO 9: ESPERE QUE SE CUMPLAN LOS DESEOS DE SU CORAZÓN

1. ¿Qué significa para usted el Salmo 37:4: *Deléitate en el SEÑOR, y él te concederá los deseos de tu corazón?* Lea el contexto de las palabras de David en el Salmo 37:1-6.
2. ¿En qué forma lucha con alguno de estos sentimientos?
   - No merezco recibir la singular recompensa de vivir apasionadamente.
   - Las pasiones son trampas de Satanás para convencerme de que quiero recompensas del mundo.
   - Dios probablemente no me dé lo que realmente quiero.
3. ¿Cuál es su percepción de Dios? ¿Lo ve como intimidante gobernador del universo? ¿Cómo juez justo? ¿Rey poderoso? ¿Abba Padre? ¿Otro? ¿De qué manera su percepción de Dios la ayuda o le impide tener una pasión saludable?
4. ¿Qué le respondería a alguien que hiciera estas preguntas:
   - ¿Por qué Dios permite que yo, una gran pecadora, haga lo que le encanta hacer?
   - ¿Qué pasa si Dios no aprueba mis deseos más profundos?
5. ¿De qué forma las pasiones saludables la protegen contra las adicciones?
6. ¿Cuál cree que es la relación entre las pasiones saludables de una mujer y los propósitos de Dios para su vida? Hable de una de sus pasiones y de cualquier relación que ve en los propósitos de Dios para usted.
7. ¿Cuál de los siguientes pasos de acción quisiera dar esta semana (p. 145-146)? ¿Por qué?

- Comenzar con algunas de las sugerencias del capítulo nueve
- Cuidarse de envidiar a los demás
- Soñar despierta
- Cumplir un deseo; experimentarlo

CAPÍTULO 10: RINDA TODA SU VIDA A DIOS EN SACRIFICIO

1. ¿La asusta o la emociona la idea de entregarle todo a Dios? ¿De qué manera?
2. ¿Qué opina de este concepto: *Dios es dueño de toda la creación, también de usted y de mí. Nuestra vida es sencillamente un préstamo. Somos administradoras de lo que se nos ha confiado*?
3. Describa algunos ídolos modernos que le parecen atractivos. (Los ídolos incluyen cualquier cosa que tenga más prioridad que Dios en su vida, cualquier cosa a la que se aferra fuertemente). ¿Cuáles son algunas de las maneras de vencer esta idolatría?
4. En Lucas 1:26-38, lea la historia de la visita del ángel Gabriel a María. Intercambien ideas sobre cualquier percepción o aplicación acerca de la entrega a Dios que obtiene de este pasaje bíblico.
5. ¿Por qué cree que es importante que entregue a Dios aquello que sueña hacer por él?
6. ¿De qué manera la práctica espiritual de entrega la prepara para el servicio a Dios en el futuro?
7. ¿En qué aspecto se puede considerar como una victoria *agitar una bandera blanca de rendimiento a Dios*?
8. ¿Cuándo y cómo se dio cuenta de que la entrega o rendición a Dios es un propósito específico y tangible asignado para hoy? ¿Qué impacto tiene en usted esa realidad?
9. Conversen acerca de algo que usted o una amiga rindió ante Dios, y cómo el Admirable Consejero guió sus siguientes pasos.
10. ¿Seguiría usted amando a Dios si él, literalmente, tomara todo lo que le rindiera?
11. ¿Cuál de los siguientes pasos de acción quisiera dar esta semana (p. 159-161)? ¿Por qué?
    - Buscar la verdad
    - Buscar respuestas
    - Considerar el precio
    - Pensar con la mente de Cristo

- Entregar públicamente el control de su voluntad
- Comenzar una vida de oración
- Hacer un «desafío de un día»

CAPÍTULO 11: ESPERE LA VISIÓN DE DIOS

1. Discutan si *esperan ansiosamente que el Señor Dios Todopoderoso les revele su visión.*
2. ¿Cómo sería si Dios le enviara un mensaje con voz audible a través de una grabadora o un teléfono, diciendo: «Esta es tu misión para el resto de tu vida. Me honrarás, si decides aceptarla»? ¿Lo aceptaría? ¿Ya lo ha aceptado? Explique.
3. Recuerde alguna vez en que se haya formulado cualquiera de estas tres preguntas:
    - ¿Qué si estoy haciendo algo mal y Dios no puede hablarme?
    - ¿Qué si Dios ya me ha revelado su visión y no la he comprendido?
    - ¿Qué si Dios me ha revelado sus pensamientos y yo no quiero hacer lo que me ha dicho?
4. ¿De qué maneras le está dando Dios percepciones de la visión que tiene para su vida, de las tareas humanamente imposibles que tiene en mente para usted?
5. ¿Cuál de los hombres o las mujeres de visión, mencionados en la página 175, la ha inspirado en forma especial?
6. ¿Cómo se sentiría si Dios le diera una misión que pareciera ridícula a los ojos del mundo (como Noé, que construyó un arca en tierra firme)?
7. ¿Hasta qué punto se ha preparado para cumplir la visión de Dios para su vida y cómo ha comenzado a cumplirla? ¿Le ha pedido a Dios que le revele su visión? ¿Ha admitido que la ha visto? ¿Ha pedido consejo en medio de su confusión? ¿Ha empezado la obra después de recibir instrucciones?
8. ¿Cómo se siente respecto de recibir una visión que le costará la vida, ya que tiene que escoger morir al «yo», aceptar el plan de Dios, y gastar todas sus fuerzas al servicio de Dios?
9. ¿Cree realmente que Dios producirá una epifanía en su vida, manifestando claramente quién es y cómo puede adorarlo con su vida?
10. ¿Cuál de los siguientes pasos de acción quisiera dar esta semana (p. 179-180)? ¿Por qué?
    - Orar y pedir que otros oren para que Dios le revele su visión
    - Tener confianza

- Practicar la paciencia
- Pedirle a Dios que le hable

CAPÍTULO 12: ÁRMESE DE VALOR

1. Si no le incomoda hacerlo, hable de uno de sus temores.
2. Comente una oportunidad en que Dios la utilizó a pesar de sus temores.
3. ¿Qué le disgusta más acerca de sus temores? (Por ejemplo, ¿le impide tener creatividad, productividad o relacionarse?)
4. Explique sobre algún momento en el que haya perseverado en medio del temor. ¿Cómo usó Dios esa experiencia en su vida?
5. Hablen de los temores más prevalecientes en su vida o en la vida de los demás. ¿Temor al ridículo y a la crítica, temor al éxito, temor a ser descubierta o temor al fracaso?
6. Lea Isaías 43:1-5. ¿Qué le dice esta versión resumida del pasaje? *No temas, que yo te he redimido; te he llamado por tu nombre; tú eres mío. . . No temas, porque yo estoy contigo.*
7. Hable de una persona valiente que ha conocido.
8. ¿En qué circunstancia actual está Dios pidiéndole que camine hacia él sobre el agua, manteniendo la mirada fija en él?
9. ¿Cuál de los siguientes pasos de acción quisiera dar esta semana? (p. 191-193)? ¿Por qué?
    - Entregar sus temores a Dios
    - Usar el enfoque de jerarquía de temores
    - Preguntarse de qué manera el temor la mantiene centrada en mí misma, y qué le ha robado el temor
    - Aplicar el método de «tan solo comer la espinaca»
    - Alimentar su valor con la Palabra de Dios

CAPÍTULO 13: GLORIFIQUE A DIOS

1. ¿Siente que está arrancando tarde hacia el cumplimiento de la misión de Dios? Explique.
2. Lea en Génesis 18:10-15 la historia del «sueño imposible» de Sara y su cumplimiento en Génesis 21:1-7. Intercambien ideas de cualquier percepción o aplicación que pueden obtener de este pasaje de las Escrituras.
3. Desde su perspectiva, ¿qué milagros se requerirán para que usted cumpla la obra que Dios le ha encomendado?

4. ¿Cuál sería el aspecto más desafiante de escribir en la sinfonía de su vida las siglas SDG (*soli Deo gloria* en latín, que significa «solo a Dios la gloria»)?
5. ¿Cuándo fue la vez que cayera de rodillas exclamado: «Gracias, Jesús, por permitirme a mí, una mujer común y corriente, participar en tu gran obra»?
6. Hablen de cuán difícil ha sido equilibrar y manejar su tiempo, su fuerzas, sus recursos, su crecimiento espiritual, sus talentos, su carácter, sus experiencias y sus roles. ¿Esperan que todo converja en el plan de Dios para su vida?
7. ¿Ha experimentado el sumo gozo de servir a Cristo al cumplir la misión de su vida?
8. ¿Cuál de los siguientes pasos de acción quisiera dar esta semana (p.203-204)? ¿Por qué?
   - Comentar sus impresiones de Dios
   - Limpiar nuevamente la casa
   - Escoger el gozo; escoger a Jesús
   - Anotar los milagros en un diario espiritual
9. Repase todos los pasos de acción de los capítulos anteriores. Hable acerca de un paso que haya dado y cómo la ha transformado.

Vida nueva en Cristo

Por eso Dios lo exaltó hasta lo sumo y le otorgó el nombre que está sobre todo nombre, para que ante el nombre de Jesús se doble toda rodilla en el cielo y en la tierra y debajo de la tierra, y toda lengua confiese que Jesucristo es el Señor, para gloria de Dios Padre.
(Filipenses 2:9–11)

Durante la lectura de este libro, ¿ha aceptado a Jesús como su Salvador? Si está lista para dar el primer paso en el camino hacia el propósito, repita esta sencilla oración:

Jesús, creo que moriste por mí y que Dios te levantó de los muertos. Te pido que perdones mis pecados. Tú eres mi Salvador y mi única esperanza. Quiero seguir tu voluntad para mi vida. Me inclino y confieso que tú, Jesucristo, eres el Señor.

Si decidió aceptar a Jesús como su Salvador y Señor, acaba de obtener la salvación para siempre. Nada puede arrancarla de la mano de Dios. Cuéntele a alguien acerca de su decisión, para que esta persona pueda animarla y agradecer a Dios por el plan lleno de gracia y propósito para su vida.

Si ha decidido no repetir la oración, le animo a marcar esta página y seguir buscando la verdad con apertura de mente y corazón. Si necesita ayuda, pídasela a un pastor o a su Compañera de Propósito. Estos son algunos versículos de la Biblia que le recomiendo:

Romanos 3:23	Todos han pecado.
Romanos 6:23	La vida eterna es un regalo gratuito.
Romanos 5:8	Por amor a usted, Jesús ya pagó el precio por sus pecados al morir en la Cruz.
Romanos 10:9–10	Si confiesa que Jesús es el Señor, y si le dice a Dios que cree que él lo levantó de los muertos, será salva.
Romanos 10:13	Pida a Dios que la salve por su gracia. ¡Lo hará!

RECONOCIMIENTOS

Agradezco a todos los que me han ayudado a sobrevivir los quince años de concepción de este libro, el periodo de gestación y los dolores del parto:

Mis incontables guerreros de oración, especialmente Gwen Kennedy, que fue implacable. Linda Smith, que verificó cada referencia de las Escrituras hasta tarde en las noches. Anita Renfroe, mi talentosa consultora de humor, que es muy solicitada como directora de adoración en retiros y otros acontecimientos. Mis más serios críticos: Jessie Mikolaski, Maura Ewing, Ina Miller, Jim y Lena Campbell, Maria McNeill, Janet Pound, Denise Paley y Susan Waterman. Algunos de mis clientes de Plan de Vida (amigos queridos) que dieron muchas sugerencias para el manuscrito: Lisa Kuecker, Clara Yang, Colleen Bowen, y Carol Travilla. Y especialmente el cuarteto incomparable de Lynne Ellis, Linda Kaye, Suzanne Montgomery, y Tobin Perry que cumplieron algunas de las revisiones más difíciles. Y un muy sincero agradecimiento al pastor Doug Fields, que contribuyó con su sabiduría y amor a este proyecto durante un tiempo *imposible* en su vida.

Agradezco a mi sobrina, Alicia Nishioka, que en 1993 fue la primera artista en preparar una «cubierta». A Sharon Wood, que entonces diseñó mi primer cuaderno de trabajo para seminarios. A Katie Keller, que en 1994 dijo: «Creo que Dios quiere que hagas esto. Por favor, no dejes de hacerlo». A Cathy Workman, que almacenó disquetes desde 1995 cuando estaba en la escuela secundaria. A Philip Hamer y Benson Bird, que en 1997 editó mi primer video de presentación para una editorial. A Matt McGill, un pastor de Saddleback, que en el año 2000 me insistió a seguir la visión que Dios me había dado.

A mi amada compañera de viajes —mi madre— como también a mi querido padre y a mis siete hermanos y hermanas, que cada uno ha sido de bendición a su manera. Agradezco especialmente a mi hermano Mark por leer y comentar «el libro para mujeres de su hermana». Y a mi hermana Terri por la camiseta *Cree* que me dio hace años y que habla de su mensaje de toda la vida para mí. A mi hermana Cathy por permitirme practicar mi primera clase de Plan de Vida con ella. Y, especialmente, a mi hermana Maureen, por su increíble don de narraciones y por su buena voluntad en dedicar incontables horas con interminables borradores.

A Nancy Jernigan, mi milagrosa agente, que cree firmemente en el gozoso plan de Dios para mi vida. Y sé que fue el favor de Dios sobre mí cuando eligió a mi equipo de Zondervan: Darwin Rader y Greg Stielstra, mi sabio y visionario gerente de mercadeo; Greg Clouse, mi paciente y enfocado editor de desarrollo; Cindy Davis y Beth Shagene, mis diseñadoras de cubierta e interior; Jeff Bowden, mi productor de libro de audio; Jaime Seaton, mi fenomenal gerente de ventas; todos miembros del capaz equipo de la casa Zondervan. Y, humildemente, a Cindy Hays Lambert, editora ejecutiva, mi bondadosa compañera de viaje, cuya sabiduría y estratégicos pensamientos son incomparables.

E, incalculablemente, a Amanda Sorensen, mi editora libre, por su incansable búsqueda de la excelencia. Ella fue la respuesta de Dios a mis siete años de oración por la voz de una mujer que pudiera realzar mis esfuerzos por claridad y dinamismo.

Gracias a todos por su amor en acción. Atesoro su amistad y, con agradecimiento, reconozco su enorme contribución a este libro.

Cómo contactar a la autora

Para contactar a la **Licenciada Katie Brazelton**, fundadora de *Ministerios camino hacia el propósito,* con respecto a cualquier compromiso ministerial, próximos seminarios, asesoría de iglesias, entrenamiento para el Plan de Vida, o para leer sobre nuevos libros o su sueño de abrir un Centro de entrenamiento de Vida con Propósito para mujeres, por favor, visite su página Web a www.pathwaytopurpose.com.

O escriba a:

Iglesia Saddleback

Katie Brazelton

1 Saddleback Parkway

Lake Forest, CA 92630

Para preguntar acerca de cualquiera de las mujeres que colaboraron con esta serie de libros o para aprender más acerca de cualquiera de los temas mencionados, por favor visite la página Web de la autora.

Disfrute de otras publicaciones de Editorial Vida

Desde 1946, Editorial Vida es fiel amiga del pueblo hispano a través de la mejor literatura evangélica. Editorial Vida publica libros prácticos y de sólidas doctrinas que enriquecen el caudal de conocimiento de sus lectores.

Nuestras Biblias de Estudio poseen características que ayudan al lector a crecer en el conocimiento de las Sagradas Escrituras y a comprenderlas mejor. Vida Nueva es el más completo y actualizado plan de estudio de Escuela Dominical y el mejor recurso educativo en español. Además, nuestra serie de grabaciones de alabanzas y adoración, Vida Music renueva su espíritu y llena su alma de gratitud a Dios.

En las siguientes páginas se describen otras excelentes publicaciones producidas especialmente para usted. Adquiera productos de Editorial Vida en su librería cristiana más cercana.

Dedicados A La Excelencia

Una vida con propósito

Rick Warren, reconocido autor de *Una Iglesia con Propósito*, plantea ahora un nuevo reto al creyente que quiere alcanzar una vida victoriosa. La obra enfoca la edificación del individuo como parte integral del proceso formador del cuerpo de Cristo. Cada ser humano tiene algo que le inspira, motiva o impulsa a actuar a través de su existencia. Y eso es lo que usted podrá descubrir cuando lea las páginas de *Una vida con propósito*.

0-8297-3786-3

Liderazgo Audaz

Esta obra capta la experiencia de más de treinta años de ministerio del reconocido pastor Bill Hybels, que plantea la importancia estratégica de los dones espirituales del líder. *Liderazgo Audaz* le ofrece al líder de la iglesia local conceptos valiosos como son: convertir la visión en acción, cómo alcanzar a la comunidad, el líder que da lo mejor de sí, cómo descubrir y desarrollar un estilo de liderazgo propio y mucho más.

0-8297-3767-7

Si quieres caminar sobre las aguas, tienes que salir de la barca

Cristo caminó sobre las aguas con éxito, si quieres hacerlo solo hay un requisito: *Si quieres caminar sobre las aguas, tienes que salir de la barca.* Hoy Jesús te extiende una invitación a enfrentar tus temores, descubrir el llamado de Dios para tu vida y experimentar su poder.

0-8297-3536-4

Mujeres que hacen demasiado

Mujeres que hacen demasiado enseña a la mujer que hace demasiado la manera de hacer menos pero con eficiencia. Mediante este estudio, la autora, Patricia Sprinkle, le ayudará a determinar para qué la creó Dios, así como también le enseñará a enfocarse en cómo hacerlo. Además, le ofrece algunas pistas para lidiar con las exigencias de la vida diaria, y varios ejercicios al final de cada capítulo para reforzar lo aprendido.

0-8297-3659-X

Nos agradaría recibir noticias suyas.
Por favor, envíe sus comentarios sobre este libro
a la dirección que aparece a continuación.
Muchas gracias.

Editorial Vida
7500 NW 25 Street, Suite 239
Miami, Florida 33122

Vidapub.sales@zondervan.com
http://www.editorialvida.com